China Cultural Heritage

编辑委员会

江河交汇

镇江物质文化遗产文物保护单位图录

镇江市文化广电新闻出版局 主编

江苏大学出版社

镇江

江州交汇

镇江物质文化遗产文物保护单位图录

镇江市文化广电新闻出版局 主编

江苏大学出版社
JIANGSU UNIVERSITY PRESS
镇江

何处望神州，满眼风光北固楼。"江南名城镇江位于长江与运河交汇处，自古以来就以城市山林、大江风貌而名扬天下，素有"天下第一江山"之美誉。镇江不仅山川形胜，是一座山水花园城市，更因其深厚的文化积淀和星罗棋布的文化遗产而于1986年跻身国家历史文化名城行列。

镇江有文字记载的历史长达3000多年。这里是吴文化的发祥地、三国东吴霸业的开创地、六朝都会、唐宋要津和近代长江下游的重要商埠。历史上的数度繁华在这块古老的土地上留下了极其丰富的文化遗产。根据第三次全国文物普查结果，镇江全境有不可移动文物单体近4000处，此外还有大量埋藏于地下的历史文化遗存，尚待发现。这些文化遗产是镇江地域文化的物质载体，有以台型遗址和土墩墓为代表的商周青铜文化、以铁瓮城遗址为代表的三国文化、以陵墓石刻为代表的六朝文化、以英国领事馆旧址为代表的近代文化、以西津渡古街为代表的津渡文化、以隆昌寺为代表的宗教文化、以焦山碑林为代表的书法文化、以梦溪园为代表的名人文化、以焦山炮台为代表的江防文化、以新四军四县联合抗日会议会址为代表的红色革命文化，等等。

文化遗产是地域历史文化"固化的记忆"，各级文物保护单位由于重要的历史、艺术和科学价值而成为城市记忆中的精美章节，成为今天彰显城市特色的珍贵资源和促进对外交流的重要平台，在城市现代化建设中发挥着越来越大的作用。每一个镇江人都为拥有光辉灿烂的古代文明而感到自豪，这对于增强城市的自信心和凝聚力、激发广大人民群众的爱国爱乡热情具有重要的意义。许多文物保护单位设立了博物馆、纪念馆，辟建了陈列展览室，成为爱国主义教育基地，成为学校教育园地之外的第二课堂。随着近些年旅游业的发展，文化遗产扮演着越来越重要的角色，镇江的相当一部分文物保护单位以其独特的魅力吸引了大批游客前来参观。文物保护单位成为名城镇江的独特城市名片，海内外也因此加深了对镇江的了解。

为实现中共镇江市委提出的"创新争先，实干兴市，率先实现基本现代化"的目标，市文化广电新闻出版局编著了《江河交汇——镇江物质文化遗产文物保护单位图录》一书。全书以翔实的内容、简洁的文字、精美的图片准确地介绍了市级以上文物保护单位的基本信息，图文并茂，雅俗共赏，既展示了全市文化遗产的风貌，也是优秀历史文化的一次宣传和普及。我相信，这部书将受到广大市民和文博专业人员的欢迎和喜爱，也将为促进全市文化遗产保护工作发挥重要的作用。

"潮平两岸阔，风正一帆悬。"祝愿全市的文化遗产保护事业取得更辉煌的业绩，为推动苏南现代化示范区建设、为现代山水花园城市建设谱写新的篇章。

曹当凌

（作者系中共镇江市委常委、宣传部部长）

"千古江山，英雄无觅，孙仲谋处。"在镇江这片气吞万里如虎的土地上，曾经有无数仁人志士，在这里生活、奋斗。孙权、葛洪、刘裕、戴颙、祖冲之、陶弘景、刘勰、萧衍、萧统、王昌龄、李白、许浑、沈括、苏轼、米芾、陈东、韩世忠、陆游、辛弃疾、笪重光、张玉书、王文治、马相伯、马建忠、刘鹗、柳诒徵、吕凤子、陈光甫、茅以升、吕叔湘……，这一长串闪光的名字，在中国的社会发展与文化传承中留下了深刻的足迹。喜爱这方水土，曾在这里流连忘返、探访寻幽的名人雅士，更是数不胜数。

镇江，自古就是长江下游重要的交通要津，也是锁钥东南的军事重镇。金山寺山门的匾额上至今仍写着"雄镇东南二百州"。从古老的中原大地，穿越一马平川的苏北平原，这里是停留补给的最佳所在，也是击楫中流、秣马厉兵的重要基地。每当重大历史关头，这里必定在烽烟四起中展露峥嵘，表现着独特的风土人情。

1986 年 12 月 8 日，国务院正式批准上海、镇江等 38 个城市为第二批国家历史文化名城。这准确定位了镇江在中国历史长河中的地位，彰显了镇江的政治、经济、文化影响和所拥有的珍贵文物遗迹，同时也激励着当代镇江人在先辈的足迹上创造着属于自己的光荣与梦想。

作为一座有着 3000 多年文字史的江南名城，镇江不仅有着金山、焦山、北固山三山之秀，香醋、肴肉、锅盖面三怪之奇，更有着焦山碑林、西津古渡与白蛇传传说、恒顺香醋酿造技艺、梅庵派古琴艺术等众多的文物古迹和内涵丰富的文化遗产。这些自然、人文、历史文化遗产累相叠加，构建着世人的"镇江印象"。而其中的物质文化遗产，尤其是国家和省、市政府公布的文物保护单位，更是引人关注的环节。

镇江始终高度重视文化遗产的保护，全力构建"点、线、片、面"相结合的历史文化遗产保护体系，推动保护和建设的和谐发展。自 1982 年公布第一批市级文物保护单位以来，已先后公布了七批市级文物保护单位。在 2013 年 5 月国务院公布的第七批全国重点文物保护单位中，镇江又有 8 处入选。截至 2013 年 6 月，全市已拥有全国重点文物保护单位 13 处、省级文物保护单位 42 处、市级文物保护单位 99 处、县级文物保护单位 112 处。

文物是无言的历史，是最能展现历史真实状态的证据，也是认识历史本来面目最好的"书本"。镇江的文物保护单位类型丰富、时代序列完整，涵盖了古遗址、古墓葬、古建筑、石窟寺及石刻、近现代重要史迹和代表性建筑等不同类型，分别印证了史前、西周、春秋战国、两汉、三国两晋与南朝、唐宋元明清直至民国镇江先辈的开拓发展史，为客观、准确地展现镇江这座国家历史文化名城的整体风貌奠定了良好基础。

城上村、龙脉团山、断山墩、葛城等众多的古人类活动遗址，从 6000 多年前起就开始证明镇江是一座宜居的城市。沈括在小小的梦溪之畔结庐而居、书写《梦溪笔谈》，孙坚、太史慈、鲁肃、颜真卿、米芾、宗泽、杨一清先后在这里永久驻留，仿佛都在默默地诉说着这方土地的令人眷恋、无法割舍。当年金戈铁马的北府兵，其遗迹或许已无从追寻，但 1560 多年后，新四军先后在茅山、韦岗、新丰车站、贺甲等地浴血抗战，再次证明了这里的人民抵御外敌、坚强不屈的信念与毅力……镇江的文物保护单位类型是如此的丰富多彩，或许很难将其简单地分门别类，无论是从三国文化、津渡文化、宗教文化，还是从建筑艺术、书画艺术……或许，写一本《文物镇江史》，是最好的方式。

陈从周先生在他的名著《园林谈丛》中写道："风景的优美或得之天工，或赖于人力。镇江则兼有二者之长。扬州瘦西湖中的小金山，与河北承德避暑山庄的金山，均仿此地景色而作，可见其影响之大了。"除了三山五泉、昭关石塔、大运河镇江段这些闻名遐迩的古迹外，镇江文物之能使游者眼界开阔、心旷神怡，还在其平易近人、自然而然中流露镇江景色的雄伟之势和镇江人的质朴包容。进入伯先公园大门，迎面瞻仰过赵声的高大铜像，拾阶而上，就走进了五卅演讲厅，静静地站在可以容纳500人的大厅，依旧可以感受到当年镇江民众永志不忘家仇国恨的慷慨激昂。漫步在人流如织的大市口城市客厅，不经意间就能看到紫金泉，赵孟頫题写在井栏上的两行楷书依旧清晰。送孩子上学，经常会路过东门坡的古泮泉。入学古称入泮，有泮泉必有泮宫。果然，前边就是建在笪家山的有着百年历史的名小学：当年与省教育厅面对面的"江苏省立镇江实验小学"。

　　一个城市，犹如一个家庭，把家中珍藏的宝贝拿出来"晾晾""晒晒"，和家人一起看看，和亲戚朋友共同欣赏，一定是一件很美好的事。市文广新局组织编写的《江河交汇——镇江物质文化遗产文物保护单位图录》，以简洁、翔实的资料展示镇江物质文化遗产的风采，就是这样一种如家人般守护和传承这座城市宝贵财富的有益尝试。希望这本书的出版，能让更多的市民和外地朋友深入了解镇江所拥有的城市记忆，珍重千百年流传下来的历史文物，凝聚共识，增强合力，为建设古代文明与现代文明交相辉映的山水花园城市而共同努力。

（作者系镇江市人民政府副市长）

Content 目录

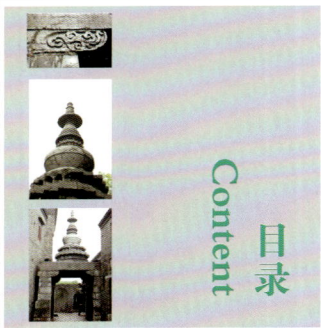

镇江市文物保护单位 (80处)

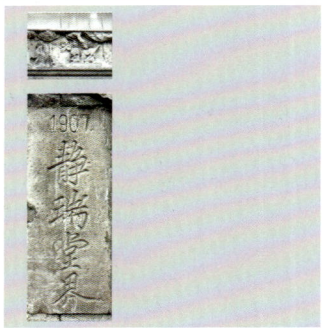

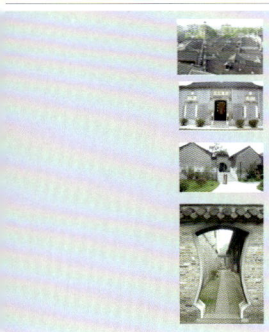

全国重点
文物保护单位

QUANGUO ZHONGDIAN
WENWU BAOHU DANWEI

城上村遗址

城上村遗址位于句容市开发区城上村南。遗址发现于 2008 年，2009 年江苏省考古研究所对遗址进行了勘探、试掘。根据调查和钻探结果，城上村遗址为一处新石器时代崧泽文化至良渚文化时期的环壕聚落遗址。遗址南北长、东西短，略呈长方形，面积 70650 平方米。遗址南部为居住遗迹，北部有墓葬区。新石器时代地层

出土崧泽文化时期陶罐

遗址中心高台

城上村遗址全景图

出土崧泽文化时期石锛

堆积较薄，商周时期遗存堆积较厚。遗址外有部分环壕围绕。

　　城上村遗址面积大、保存好、地层堆积厚、遗迹遗物丰富，是目前苏南地区同类遗址中保存较好的一处，对于研究长江下游地区新石器时代考古学文化和商周时期湖熟文化及吴文化具有重要的学术意义。

　　城上村遗址 2013 年被公布为全国重点文物保护单位。

城上村遗址环壕

葛城遗址

　　葛城遗址位于丹阳市珥陵镇东南的南葛城自然村东。遗址平面呈不规则长方形，东西约230米，南北约180米。城外有多道壕沟，城内地表高出周围农田约3米，残存的西城墙普遍高出城内地表5米。遗址内共有西周至春秋时期的早、中、晚三期城墙。葛城遗址是一座西周至春秋时期的古城，是江苏省目前考古发现时间最早、面积最大、规格最高、保存最为完好、利用价值最高的一处古城址。该遗址具有吴国都城特质，其时代贯穿吴国历史的整个过程，填补了吴国早期政治活动的空白，具有无可替代的历史价值。

　　葛城遗址2013年被公布为全国重点文物保护单位。

葛城遗址全貌

葛城遗址环壕

考古发掘后的城墙断面

葛城遗址残存城墙

镇江物质文化遗产文物保护单位图录

铁瓮城遗址

城垣内侧夯土结构

铁瓮城遗址位于镇江市区北固山前峰的鼓楼岗上，占地约 10.68 公顷。铁瓮城又名子城、京城，始建于汉末建安初，建安十三年 (208) 孙权将其政权中心"自吴迁于京口而镇之"，并在此居住 4 年。这 4 年正是三国鼎立局面的形成时期，孙权以此为中心，开创了江东，奠定了东吴霸业的基石。"自晋以降，郡治皆据其上"，铁瓮城距今已有 1800 多年的历史。1991—2005 年，镇江市文物部门共对铁瓮城遗址进行了十余次考古勘探、发掘，发现铁瓮城西垣、南垣、东垣、六朝夯土及包砖墙基、甬道以及南城门等遗迹。铁瓮城遗址迄今保存基本完好，其闭合、相连，形如瓮，周长约为 1100 余米，与元《至顺镇江志》记载"周回六百三十步"基本吻合。这种"因山为垒，缘江为境"的筑城特点，受到了国内著名建筑专家和文物专家的高度评价。铁瓮城在三座孙吴都城 (镇江铁瓮城、南京石头城、鄂州吴王城) 遗迹中，以其建造年代最早、保存遗迹最为完整、筑城风格最为独特而被誉为"三国东吴第一城"。

铁瓮城遗址 2013 年被公布为全国重点文物保护单位。

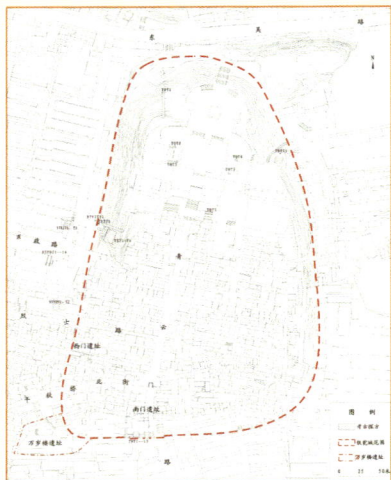
铁瓮城平面图

铁瓮城遗址鸟瞰

六朝兽面纹瓦当

出土六朝"官"字砖

江河交汇

铁瓮城南城门遗址

宋元粮仓遗址

台基墙砖铭文拓片

镇江物质文化遗产文物保护单位图录

　　宋元粮仓遗址位于镇江市区古运河东、大西路北，今如意江南小区内。在 2009—2010 年对该地块进行的考古发掘中，发现了宋元粮仓仓基、元代石拱桥、宋至明清时期古河道等遗迹。宋元粮仓遗迹是目前大运河沿线经考古发现的规模较大的一处仓储基址遗迹，验证了《嘉定镇江志》《至顺镇江志》等文献中关于宋元粮仓的记载，为研究大运河漕运、宋元仓储建筑、镇江地域文化等提供了实物资料。宋元粮仓遗址保存遗迹相对集中，沿用时代较长，具有地域特色，是大运河漕运的实物见证，丰富了大运河遗产的内涵。

　　宋元粮仓遗址 2013 年被公布为全国重点文物保护单位。

2号仓基残留柱础

2号仓基残留台基墙

保护后的仓基遗址

修复后的拖板桥

2号仓基鸟瞰

春城土墩墓群

土墩墓的棺床

春城土墩墓群位于句容市茅山镇何庄村百培山一带。地处低丘土岗的百培山，海拔在 20 ～ 30 米之间，呈老虎爪形向四面延伸，山上土墩数以百计。封土墩多为小型，墩高 1.5 ～ 2.5 米，底径 12 ～ 20 米；处于其间居中位置的少数土墩规模稍大，墩高 3 ～ 4 米，底径 18 ～ 25 米。墓群又可分为东、南、西、北 4 个区间单元，其中，居南北两端的 3 座规模较大，墩高 6 ～ 8 米，底径 30 ～ 40 米。靠近杨家棚村北的土墩规模最大，墩高约 10 米，底径约 50 米。根据现场调查，该土墩墓群包括春城百培山土墩墓群、杨家棚土墩墓群、二圣百培山土墩墓群，共有 112 座土墩墓，大、中、小型都有，是整个茅山地区最为集中的一处。

百培山土墩墓群 1 号墩

百培山土墩墓群 2 号墩

　　春城土墩墓的发掘丰富了江南土墩墓的内涵，还原了青铜时代江南土墩墓的营造过程，并且在土墩墓的形制结构、丧葬习俗等诸多方面取得了新的突破，不仅廓清了长期以来学术界对土墩墓的模糊认识，同时也为江南地区青铜时代的社会结构和土著文化，土墩墓的源流、分期与分区，以及土墩墓的保护和利用等重大课题的深入研究提供了翔实的第一手资料。

　　春城土墩墓群 2013 年被公布为全国重点文物保护单位。

百培山土墩墓群 3 号墩

烟墩山墓地

烟墩山墓地位于镇江新区大港镇烟墩山。1954 年 6 月，此处发现青铜器 12 件，其中最有价值的是"宜侯夨簋"。宜侯夨簋底部有 12 行铭文，计 126 字，能辨认出的有 118 字。1956 年郭沫若、唐兰等专家考证认为："宜"是地名，就在丹徒及附近一带；"侯"是封号；"夨"是人名，即吴国君主仲雍的曾孙周章。"宜侯夨簋"铭文记载了周康王时的大封典，也记录了宜地的历史，其最重要的价值就在于它是关于镇江的最早的历史文献。烟墩山墓地及其出土物有力地证明了镇江最早的地名叫"宜"，距今已有 3000 多年的历史。

烟墩山墓地 2013 年被公布为全国重点文物保护单位。

宜侯夨簋

宜侯夨簋铭文

烟墩山墓地东侧全景

江 河 交 汇

烟墩山墓地西侧全景

甘露寺铁塔

甘露寺铁塔位于镇江市区北固山后峰。塔始建于唐宝历元年（825），原为石塔，名卫公塔，乾符中遭毁，宋熙宁九年（1076）至元丰元年（1078）改建为九级铁塔。明万历十年(1582)大风将其刮倒，僧人性成、功琪募款重修，减少二层，为七层。清同治七年(1868)塔顶折断落地，光绪十二年(1886)塔被雷击，塔倾倒为四层，到新中国成立时仅存塔座及一、二两层。1960年进行修缮，将残存的四、五两级加置上去，塔顶装上避雷针，塔基浇钢筋混凝土，使千年古塔重展风采。

铁塔为八角形，现存塔基及残塔四层，高约8米，直径8尺，每层高5尺，为我国东南地区最大的一座铁塔。现在塔座及一、二层为宋代原物，三、四层为明代所铸。塔形为楼阁式，塔身八面四门，每面都有佛和飞天，姿态各异。塔基须弥座上刻有卷浪、莲瓣、二龙等图案，形象生动。第四层有铭文，文中有"奉政大夫""中宪大夫""承直郎""文林郎"等参与铸造铁塔的明代官阶称谓。

禅众寺舍利银椁

甘露寺铁塔全景

银释迦牟尼降生像

长干寺舍利金棺

长干寺舍利银椁

舍利小金棺

鸦片战争期间，英军侵占镇江，妄想掠夺铁塔作为其战利品，由于塔身沉重，无法搬运，遂砸毁了塔身上的相轮和塔顶。1960年5月，镇江考古部门对塔基进行发掘，在地宫出土文物2576件，其中有金棺、银椁、舍利子等珍贵文物。

甘露寺铁塔2013年被公布为全国重点文物保护单位。

铁塔塔身图案

江河交汇

昭关石塔

昭关石塔位于镇江市区西津渡古街东端。石塔始建于元代，明、清两代先后修治，是江南现存唯一的喇嘛塔式过街塔。塔高约5米，用青石分段垒砌合成，由塔座、塔身、塔颈、十三天、塔顶等部分组成。石塔由4根石方柱、石枋组成梁架结构的台座，南北叠石为墙，东西贯通。东西石枋横额镌"昭关"两字，边款刻镇江知府、同知、通判、推官等人名，右刻丹徒知县、县丞、典吏等人名，落款刻"万历十年壬午十月吉日重修"。塔身由两个相同的须弥座叠成，呈"亚"字平面，须弥座上为覆莲座和扁平形的塔身，上复有一个须弥座及一个仰覆莲座，亦呈"亚"字平面。圆锥形"十三天"之上为一圆仰莲，上置法轮，背刻八宝纹饰，最上是瓶状塔顶。石塔因地处临江险要之地，为守卫之关口，故名"昭关"，又形似瓶，称"瓶塔"，寓"平安"之意。石塔下可通车辆行人，习呼"过街石塔"。穿过昭关石塔就可达西津古渡，西津古

石塔全貌

石梁纹饰

渡是千百年来渡江的南北通道，舟楫往来，渡客众多。为祈求渡江平安，人们常礼拜神灵，据说从石塔下经过，就意味着礼佛进香，能庇护人们在风平浪静里渡过长江天堑。

昭关石塔 2006 年被公布为全国重点文物保护单位。

柱身题刻

石塔顶部

隆昌寺

　　隆昌寺位于句容市宝华山，原名千华寺，始建于南朝梁天监元年（502）。明万历三十三年（1605），明神宗赐"护国圣化隆昌寺"匾额，遂更名为隆昌寺；康熙四十二年（1703）康熙帝赐书"慧居寺"额，改为慧居寺；后复用隆昌寺名至今。隆昌寺现存古建筑17栋200余间。其中，铜殿始建于明万历三十三年，其梁、栋、枦、窗、瓦、屏、楹皆为铜制，故名铜殿，后毁，改建时为砖木结构。殿为重檐歇山琉璃瓦顶，面阔4.67米，进深4.2米，高7.15米。现殿顶部的小瓦均为铜制。铜殿两侧各有一座无梁殿，左称文殊，右为普贤。两座无梁殿形状相同，均为单檐歇山顶，面阔三间7.62

隆昌寺俯瞰

宝华山隆昌寺

大雄宝殿正面

韦陀殿

普贤无梁殿

米，进深两间5.62米，内因进深较短，仅用一道砖券代替横梁。无梁殿和铜殿建筑极精致，是隆昌寺建筑群的精华。大雄宝殿建于康熙十年（1671）。大悲楼建于康熙十五年（1676）。大雄宝殿左楼上为净土坛，下为方丈，建于清雍正十三年（1735），乾隆十五年（1750）方丈改为行宫。大雄宝殿右楼为藏经楼，建于清雍正十三年。大悲楼左楼上为净土坛，下为官客堂，建于清雍正十三年。大悲楼右楼上为大悲坛，下为楞严堂，由三昧和尚建于明崇祯年间。左厢翼楼为准提堂和地藏堂，由三昧和尚建于明崇祯年间。右厢翼楼为文殊堂和伽蓝堂，建于清雍正十三年。大斋堂建于清雍正十三年。戒坛始建于清康熙二年（1663）。南客房、北客房、南库房、北库房建于清乾隆十五年。律学院建于民国时期。隆昌寺建筑群依山而建，规模宏伟，雕饰精美，独具一格。

隆昌寺2013年被公布为全国重点文物保护单位。

铜殿、无梁殿

江河交汇

焦山碑林

瘗鹤铭

焦山碑林位于镇江市区东北部的焦山，由摩崖石刻和碑刻陈列两部分组成。

摩崖石刻位于焦山西侧浮玉岩、观音岩、罗汉岩、雷轰岩、栈道岩一带的峭壁上，绵延200余米，气势磅礴，蔚为奇观。有六朝以来刻石百余方，真、草、隶、篆各具风采。著名的《金刚经偈句》："一切有为法，如梦幻泡影，如露亦如电，应作如是观"，书法出于唐代贞观和尚手笔，苍劲有力，字迹清晰。宋代四大书法家之一米芾仿《瘗鹤铭》的书体，题刻于浮玉岩前，文曰："仲宣、法芝、米芾，元祐辛未孟夏，观山樵书。"宋代诗人陆游与友踏雪观看《瘗鹤铭》后写了一篇短文，以记其事，后刻之于石："陆务观、何德器、张玉仲、韩无咎，隆兴甲申闰月廿九日，踏雪观《瘗鹤铭》，置酒上方，烽火未息，望风樯战舰于烟霭间，慨然尽醉。薄晚，泛舟自甘露寺以归。明年二月壬午，

焦山碑林大门

碑廊

御碑亭

瘗鹤铭展厅外景

摩崖石刻（一）

摩崖石刻（二）

圜禅师刻之石。务观书。"全文74个字，被时人誉为最短的一篇散文。

碑刻陈列位于焦山东麓的碑刻博物馆内，馆内珍藏碑刻400余方。著名碑刻有唐《魏法师碑》《陇西李府君墓志铭》、宋《蓄狸说》、明刻宋米芾临《兰亭禊帖》以及清《澄鉴堂法帖》等。焦山碑林中最著名的碑刻是《瘗鹤铭》，原刻于焦山之西的雷轰岩，后因山石崩塌，坠落江中。清康熙五十二年（1713），陈鹏年募人从江中捞出残石5方，置于焦山定慧寺大殿左侧，建亭保护。碑刻博物馆设立后，建专室展陈。《瘗鹤铭》石高2.35米，宽1.04米，今存93字，其中11字不全。虽是残碑，但其书法艺术在我国书法史上占有重要地位，为中外历代文人所赞叹，被誉为"大字之祖"。

焦山藏碑，历史悠久。北宋庆历八年（1048），焦山建宝墨亭，开始收藏碑刻。明代扩建为宝墨轩，收藏的碑刻益多。自清代以来，碑刻不断充实，蜚声江南。后屡遭兵燹，碑刻毁失严重。1960年镇江市政府为抢救民族文化遗产，弘扬优秀人文景观，寻找散失残碑，征集四乡刻石，建立焦山碑林。1987年扩修，1991年设焦山碑刻博物馆，2002年再次维修、扩建。

焦山碑林1988年被公布为全国重点文物保护单位。

江河交汇

丹阳、句容南朝陵墓石刻

南朝陵墓石刻分布于丹阳市和句容市境内的齐、梁帝王陵墓区。

丹阳是南朝齐、梁两代帝王的桑梓之地，也是齐、梁帝王陵墓的集中区域。这一墓区真实地反映了齐、梁王朝"树高千丈，落叶归根"的民族传统文化观念。齐、梁帝陵的特点之一是在墓前树立整块巨石雕凿而成的带翼石兽。石兽神态生动，线条流畅，威武勇猛，有天禄、麒麟、辟邪之分，头上单角为麒麟，双角为天禄，无角为辟邪，皆属人们崇拜的神兽偶像，标志着墓主人的身份。皇帝陵前置天禄、麒麟，王侯墓前置辟邪。石兽陈列等级森严，不得逾越。这些石刻距今已有1400多年的历史，气魄雄伟、形态各异、雕刻精美，体现了南朝艺术雄秀兼备的风格，是我国雕刻艺术史上的杰作。

位于丹阳市境内的南朝陵墓石刻1988年被公布为全国重点文物保护单位；位于句容市石狮乡的石刻1996年与丹阳境内石刻合为一处，被公布为全国重点文物保护单位。

1. 齐宣帝萧承之永安陵石刻，位于丹阳市胡家桥北狮子湾。陵前东为天禄，身长2.95米，高2.75米，体围2.75米，有翼，足4爪，左前足攫一小兽。西为麒麟，头不存，身长2.9米，高2.42米，体围2.4米。

萧承之（？—447），字伯嗣，齐高帝萧道成之父，刘宋时代，因军功累官至南泰山太守，右军将军。生前未做皇帝。479年萧道成称帝，追封萧承之为宣皇帝，将其旧墓扩改为永安陵。

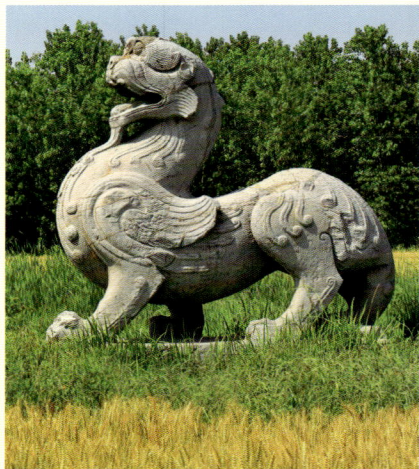
齐宣帝萧承之永安陵石刻

齐武帝萧赜景安陵石刻

齐景帝萧道生修安陵石刻

齐明帝萧鸾兴安陵石刻

水晶山南朝佚名墓石刻

2. 齐武帝萧赜景安陵石刻，位于丹阳市建山乡田家村。陵向南，有2石兽：东为天禄，身长3.15米，高2.8米，体围3米；西为麒麟，4足已失，身长2.7米，残高1.4米，体围2.51米，风蚀严重。

萧赜（440—493），字宣远，齐高帝萧道成之长子。萧道成死后，萧赜继皇帝位，改元永明，在位11年，死后葬景安陵。

3. 齐景帝萧道生修安陵石刻，位于丹阳市胡家桥北仙塘湾。陵向南，陵前存2石兽。东为天禄，身长3米，高2.75米，体围2.52米，双角残断；西为麒麟，身长2.9米，高2.42米，体围2.4米。天禄迈左足，麒麟迈右足，展出对称姿态。1965年11月对该墓进行了发掘，因墓室早年被盗掘破坏，仅清理出陶、瓷、石、铁等残器，墓中发现的"羽人戏虎"等5幅壁画，十分珍贵。

萧道生，字孝伯，齐高帝萧道成之次兄，生前未做过皇帝。其子萧鸾为齐明帝，追封其为景皇帝。

4. 齐明帝萧鸾兴安陵石刻，位于丹阳市荆林乡三城巷北。陵向东，陵前2石兽：南为麒麟，身长3.02米，残高2.7米，原4足已失，角亦残；北为天禄，肢体已残。两兽之间隔着一条小河沟。

萧鸾（452—498），字景栖，萧道生之子，继废帝海陵王为帝，在位5年，498年7月死，葬于兴安陵。

5. 水晶山南朝佚名墓石刻，位于丹阳市埤城镇水晶山下偏西。墓向东，墓前存辟邪一对，南北对列。北辟邪保存较好，身长1.58米，高1.54米，体围1.7；南辟邪已破碎为几段。两石兽呈蹲踞状，这种姿态的石兽在现有南朝石刻中实属罕见。据专家分析推测，墓主可能是齐后废帝恭王萧昭文。

萧昭文（480—494），字季尚，齐武帝萧赜之孙，文惠太子之子，萧昭业之弟。于齐明帝建武元年（494）被萧鸾所杀，葬以王礼。

6. 梁文帝萧顺之建陵石刻，位于丹阳市荆林乡三城巷北，南距齐明帝萧鸾兴安陵约60米。陵向东，陵前沿神道依次有石兽、石础、石柱、石龟趺各1对。石兽南为麒麟，角残，原4足已失，身长3.05米，残高2米，体围2.7米；北为天禄，角、足已失，身长3.1米，残高2.3米，体围2.76米。两兽间隔约6米。石础，方型，边缘有榫眼，础上结构不存。石柱，上圆下方，其结构为：上部有矩形石额一方，刻有铭文，顶有覆莲宝盖，踞一小兽；中部柱身，竖刻24道瓦楞纹；下部双螭座，由一对螭龙组成。南柱自上而下裂为二，北柱已倾圮，现就地保存。柱石额上用隶书写有："太祖皇帝之神道"。石龟趺，状如巨龟，传说是龙的长子赑屃的形象，善负重。现碑已失，仅存趺座。

梁文帝萧顺之建陵石刻

萧顺之，字文纬，齐高帝萧道生的族弟，梁武帝萧衍的父亲，曾任官侍中卫尉、领军将军、丹阳尹。生前未做过皇帝，梁武帝于天监元年（502）追尊其为文皇帝，扩旧墓建陵。

7. 梁武帝萧衍修陵石刻，位于丹阳市荆林乡三城巷北，南距梁文帝建陵约360米。陵向东，神道北侧存一天禄，身长3.1米，高2.8米，体围2.35米，肌肉饱满有力，四足粗壮，足5爪，右前足爪下攫一小兽，昂首雄视、雄武有神韵。

萧衍（464—549），字叔达，初仕齐，为雍州刺史，镇守襄阳。后乘齐内乱，于502年起兵夺取帝位，改元天监，国号梁，是南梁王朝的创建者。在位48年，549年卒，时年86岁，是我国历史上在位年代比较长的一位皇帝。死后被追尊为武皇帝，庙号高祖，葬于修陵。

梁武帝萧衍修陵石刻

8. 梁简文帝萧纲庄陵石刻，位于在丹阳市荆林乡三城巷北，南距梁武帝萧衍修陵约60米。陵向东，存有一天禄的前躯及左前足，高3.16米，左前足5爪上张，足下连有石板残部，厚0.26米。陵前有萧港，通陵口大河。

萧纲（503—551），字世缵，梁武帝萧衍第三子，昭明太子卒后，立为太子。侯景叛军攻破台城（建康的宫城），梁武帝被幽死，萧纲继位皇帝，但受制于侯景，大宝二年（551）被侯景所杀，次年3月，元帝追尊萧纲为简文帝，庙号太宗，4月葬于庄陵。

梁简文帝萧纲庄陵石刻

金家村陵墓石刻

9. 金家村南朝佚名陵石刻，位于丹阳市建山乡金家村北，墓向南，据专家分析推测墓主人可能为齐废帝东昏侯萧宝卷。陵前有石兽一对：东为天禄，身长2.38米，高2.25米，体围2米，3足不存，头部失去；西为麒麟，身长2.13米，高1.9米，体围1.65米。两石兽相距32米。天禄原沉于水塘，麒麟埋于土中，1973年被发现，1977年清出，安装为现状。金家村陵墓于1965年发现，1968年由南京博物院发掘，墓室内清理出羽人戏龙、羽人戏虎、竹林七贤等12幅砖刻壁画，均十分精美，是难得的艺术珍品。

10. 陵口石刻位于丹阳市陵口镇东。在萧梁河东西两岸隔河相对，东为天禄，西为麒麟。陵口镇名本意为南朝齐梁两代皇陵水道入口，齐梁两代帝王拜祀祖先时从大运河乘船从陵口入萧梁河，一路向北进入丹阳荆林，建山地区。陵口石兽是丹阳现存石兽中最大两只，天禄身长4米，腰围3.9米，高3.60米；麒麟身长3.95米，腰围3.6米，残高2.9米。1956年，因运河拓宽石兽北移450米，1977年疏浚萧梁河时，西面麒麟北移70米。

陵口石刻

梁南康简王萧绩墓石刻

11. 梁南康简王萧绩墓石刻，位于句容市石狮乡，是我国现存南朝陵墓石刻中最宏伟的一处。墓前两只石狮，一雌一雄，体积硕大，每只均高达4.4米（含基座），形象威猛，雄狮左足前伸，雌狮右足向前，左右相对而立。石狮北面有神道石柱和石兽各1对。神道石柱亦称华表，高约10米，下粗上细。柱首罩一仰复莲花座，座上蹲一小兽，仰首望天，似腾跃吼叫；柱身圆形，雕有24瓜棱形条纹，上端有一扁方形神道碑额，刻"梁故侍中中军将军开府仪同三司南康简王神道"字迹，两柱碑文相同。石柱下为柱座，刻有两条蜥蜴，十分精美。

萧绩（505—529），字世谨，梁武帝萧衍的第4个儿子，天监八年（509）被封为南康郡王，先后担任南徐州、南北兖州、江州等地军政要职。25岁病死，赠侍中、中军将军，开府仪同三司，谥简。

镇江英国领事馆旧址

　　镇江英国领事馆旧址位于镇江市区五十三坡南，西津渡古街、伯先路和大西路交汇处，西依云台山。

　　第二次鸦片战争后，镇江被辟为通商口岸，英国侵略者在镇江设立了租界，并于清同治三年（1864）在云台山麓建立领事馆。当时建有主楼和附属房各一幢，共有西式楼房、厨房、门房、马房和其他生活用房计37间。其中主楼为领事馆办公地，主体两层，局部三层，以方石为基，青砖砌筑，夹以红砖，白色灯草灰勾缝墙，铁皮瓦楞屋面，三面走廊。楼上下均设有弧形券门，内部地板、门窗采用洋松木制作，壁间设有壁炉。整体建筑分筑于三个不同层次的台基之上，依山而建，西高东低，各层面宽不同。附属房在主楼北侧，为一幢平房，东半面局部为二层，建筑形制与主楼相同。领事馆占地17亩6分1厘2毫，合11400多平方米。

　　清光绪十五年（1889），租界内英国巡捕无辜殴打中国平民致死，中国同胞举火焚毁了英国领事馆的主楼。事后清政府屈辱赔偿，于次年按照原样加以复建，迄今该楼仍嵌有大理石横额，上镌

英国领事馆旧址全景

英国领事馆旧址主楼　　　　　　　　英国领事馆旧址附属房　　　　　　　　工部局旧址

"1890"，以示复建落成之期。如今，它已成为镇江人民反对英国侵略者的历史见证。1927 年，国民革命军北伐迫近镇江，民众反帝运动高涨，镇江人民纷纷集会游行。英领事馆迫于形势，函请镇江商会会长陆小波接管租界，并于 3 月 24 日巡捕缴械，撤岗交接，英领事馆人员悄然离开。1929 年 11 月 15 日，英国大使与中国国民党外交部长就取消租界问题互换照会。至此，英国殖民主义者霸占了 69 年的镇江租界宣告正式收回。事后，英国总领事波朗特又将原英国领事馆全部房屋折价 29067 元售予华人怀德堂（指镇江人赵启骡）。1962 年，江苏省政府同意省人大代表将原英国领事馆给镇江市博物馆作为馆址的提案。赵启骡子女将领事馆的房地契约等一并赠送给博物馆，并捐献了约 3300 件珍贵古籍图书、碑帖和地图。镇江英国领事馆旧址的范围还包括英国领事馆南侧的美国领事馆旧址和传教士的两幢住宅以及云台山下昔时租界行政机构工部局及其所属的巡捕房（今长江路 209 号），总计 6 幢建筑。

镇江英国领事馆旧址 1996 年被公布为全国重点文物保护单位。

英国领事馆旧址主楼东立面

江河交汇

镇江物质文化遗产文物保护单位图录

大运河镇江段

镇江位于大运河与长江的交汇处，是江南运河的起点。镇江秦代已有运河，后经历代开凿，至隋唐进一步疏拓，形成自京口达杭州的江南运河。经历代变迁，今大运河镇江段分为两部分：从平政桥到谏壁为运河故道，由隋唐时期河段、北宋新河及明初绕城运河串联而成，从京口闸、丹徒闸通江，长约 16.69 公里；今江南运河镇江通航段北起谏壁镇，经辛丰，至丹阳、武进交界处出境，经谏壁闸入江，长约 42.74 公里。

镇江具有得天独厚的江运、河运优势，因而得以在古代迅速成为东南地区重要的政治、经济中心和军事重镇，后进一步发展成为一个以港口、工贸和旅游著称的城市。

大运河镇江段地处长江太湖分水岭，跨山丘岗阜，为江南运河之屋脊，具有独特的风貌特色，在中国运河史上占有极其重要的地位。

2006 年，大运河作为一条线性遗产被公布为全国重点文物保护单位，其中包括江河交汇处、西津渡古街、虎踞桥、新河街一条街。

谏壁闸

古运河风光

京口闸至迎江桥段古运河

古运河鸟瞰

大运河—江河交汇处

　　镇江自古以来就是我国"以港兴城"的典范，素有"南北之要津"和"九省通衢"之称。东西走向的长江和南北走向的运河在此交汇。特有的临江近海、江河交汇的地理区位，形成了镇江"南北兼融、东西并蓄、宗教多样"的多元化文化内涵。

　　镇江古有"五口入江"，自西向东分别是：大京口、小京口、甘露口、丹徒口、月河口（谏壁口）。及至民国期间，大京口、甘露口因填河造路而被埋没，今仅存其余三口。小京口位于今镇江市区平政桥北侧，北通长江，南接京口闸，东临新河街；丹徒口位于丹徒镇，北通长江，西南接丹徒闸；谏壁口位于谏壁镇北，北通长江，南接谏壁闸，通江南运河，成为今江南运河通航段入江的唯一口门。江河交汇处是大运河镇江段最具特色的地段，是大运河留给镇江的历史文化遗产，具有鲜明的地域特点，弥足珍贵。

江河交汇丹徒口

江河交汇小京口

江河交汇

江河交汇谏壁口

江河交汇

大运河—西津渡古街

西津渡古街位于镇江市区以西云台山麓，又称小码头街。古街的范围从五十三坡到待渡亭，长约300米；从待渡亭到长江路，长约500米。西津渡古街是通往西津古渡的一条古街，是镇江市文物古迹保存最多、最集中、最完好的地区，也是镇江历史文化名城的"文脉"所在。古街始建于六朝时期，历经唐、宋、元、明、清，形成了现今的规模。随着科技的进步、社会的发展、环境的改变，西津渡逐渐淡化和削弱了作为渡口的功能，但是它古典的风貌却得以基本完整地保存了下来，是全国少见的保存完好的"古渡博物馆"。

西津渡街鸟瞰

西津渡街街景

西津渡街石额券门

西津渡街待渡亭

江河交汇

大运河—虎踞桥

　　虎踞桥位于镇江市区南门大街外，横跨在古运河上。由于明清时期该桥位于镇江城虎踞门外，故名。因虎踞门为镇江古城的老南门，又俗称为老南门桥。桥始建年代不详。志载，明弘治十四年（1501），虎踞桥与千秋桥俱圮，知府王存中重建。万历四年（1576）知府张纯改建为木桥。后因行船不便，万历二十二年（1594）知府苏兆民改建为单孔石桥，更名为泰运桥，即今虎踞桥。清咸丰年间，太平军据城，凿断桥面，阻清兵通行。同治九年（1870）修复。

　　虎踞桥为纵联分节并列式砌置，跨度11米许，两头宽9.9米，中心宽8.7米，全长30米。桥

虎踞桥侧影

虎踞桥拱券

孔高敞，净空宽大，舟楫过往通畅。昔日该桥地处关津，"为郡孔道"，是通往丹阳、金坛等地的必经之地。1961年和1980年两次改造。如今桥墩、金刚墙、拱券等仍为明代建筑。2012年，东侧建新桥，转移车辆通行功能。2012年6月至2013年4月，实施本体维修和周边环境整治工程，恢复桥上踏道、栏板，再现了历史风貌。

虎踞桥桥面

镇江物质文化遗产文物保护单位图录

大运河—新河街一条街

　　新河街一条街位于镇江市区京口闸东，南北向，长约 250 米，旁临古运河，紧依长江。此街因河而建，以河为名，得江河之利而兴，是大江南北的物资集散中转之地，是商贸交易的中心枢纽，曾为清代长江下游最大的米市和油市，昔时市井繁荣，商肆林立，商贾川流不息。两边临街建筑大多为晚清房屋，目前尚存的建筑有同善堂（慈善机构）、米业公所、安仁堂、泾太公所、陈公馆、黄公馆、徐（宝山）公馆、静瑞堂等。沿街建筑保留传统风格，是大运河沿岸保存较完好的一条历史街区，是不可多得的珍贵文化遗产。

新河街一条街北段

陈公馆石库门基

徐（宝山）公馆门楼砖雕局部

泾太公所大门

米业公所大门

静瑞堂大门

同善堂大门

静瑞堂石刻

江苏省文物保护单位

JIANGSUSHENG
WENWU BAOHU DANWEI

莲花洞遗址

莲花洞洞内

莲花洞遗址位于镇江市润州区蒋乔镇檀山村白龙岗的北坡。该洞为一岩厦，系沿三迭青龙灰岩的裂隙溶蚀而成。主洞长 12 米，宽 3 ~ 6 米不等，另东、西、中三个方向各有较小的支洞延伸。1981 年南京博物院、镇江博物馆和丹徒县文管部门对该洞进行了考古发掘，出土了 20 多种晚更新世中后期（距今 10 万 ~ 30 万年）的哺乳动物化石。这是继溧水神仙洞以后在苏南地区的又一重大发现，对研究我国古人类的分布、长江中下游第四纪动物的划分和我国更新世动物群的迁徙以及演变等有着重要的意义。

莲花洞遗址 2011 年被公布为江苏省文物保护单位。

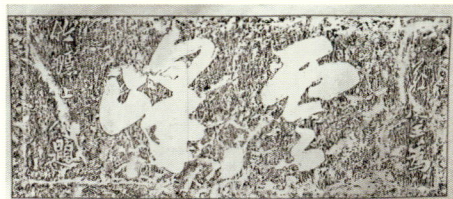

莲花洞题刻

出土鹿角

西藏黑熊的牙齿

出土豪猪门齿

莲花洞洞口

龙脉团山遗址

龙脉团山遗址

龙脉团山遗址位于镇江市润州区七里甸镇龙脉桥东、团山路南。遗址为椭圆形台地，长60米，宽50米，高出地面约5米，是一处商周时期的青铜文化遗址。1957年和1977年镇江博物馆组织了两次钻探，发现文化层堆积达4米多厚，分两个层次，早期相当于商代，晚期属于西周至春秋时期。该遗址的发现为研究吴国早期文化提供了重要实物资料。

龙脉团山遗址2011年被公布为江苏省文物保护单位。

龙脉团山遗址远景

断山墩遗址

断山墩遗址位于镇江新区丁岗镇东平昌村东南。该遗址南北宽 225 米，东西长约 110 米，突出地面约 8 米，占地面积约 25000 平方米，文化层堆积达 4 米。该遗址中西周至春秋时期的遗存极其丰富，是目前苏南发现的最大且保存最完好的一个村落遗址。1981 年 9 月曾进行过考古发掘，出土绳纹、编织纹等 60 多种纹饰的夹砂红陶和灰陶，并出土少量的原始青瓷。遗址中发现夯土台基和柱础等建筑遗存，并发现人体骨架 9 具。此外还发现鹿角、象牙、牛牙、猪牙和石斧、网坠、纺轮等生产工具，特别是铜剑的发现，在遗址中尚属少见。

断山墩遗址 1982 年被公布为江苏省文物保护单位。

断山墩遗址全景

镇江古城墙遗址

（东晋花山湾古城墙遗址）

花山湾古城墙遗址南段

花山湾古城墙遗址北段

东晋花山湾古城墙遗址位于镇江市区东北的花山湾一带。东晋初年郗鉴"城京口"，晚期王恭进行了"更大改创"。唐太和年间，浙江西道观察使兼润州刺史王璠"凿润州外隍"；乾符中，周宝为镇海节度使、浙西节度使，"筑罗城二十余里"。南宋时，太守史弥坚主持镇江罗城的全面整修改造。该遗址即为东晋至南朝时期的京口城（亦称晋陵罗城）、唐宋时期的罗城东部城垣遗存。1984年、1991年和2010年，文物部门先后组织考古。城墙北垣沿东吴路南向西延伸至北固山；东至花山、土山一线；南沿土丘转向西延伸至大学山。今残存约2000米。砌筑特点是"因山为垒、缘江为境"，"内外皆固以砖甓"，即依托山体筑为城墙，利用自然山体对顶面和山坡进行修整，加筑夯土，低洼地段则填土夯筑，其两侧用砖包砌，形成贯通相连的城垣。

2000年，该遗址与三国铁瓮城古城墙遗址一起被公布为江苏省文物保护单位。

魏家墩土墩墓

魏家墩土墩墓位于镇江新区丁岗镇葛村魏家墩村东200米，葛村北400米。魏家墩土墩墓因地就势，平地起封，土墩呈馒头状，底径约40米，残高4米余。这座土墩墓与北山顶等大型土墩墓遥遥相望，曾征集到印纹硬陶罐、坛各1件，纹饰有折线纹、折线与回纹组合；原始瓷碗、豆各1件，时代为西周中、晚期。魏家墩土墩墓对于研究吴国贵族阶层的墓葬文化具有重要的历史价值。

魏家墩土墩墓2011年被公布为江苏省文物保护单位。

魏家墩土墩墓远景

魏家墩土墩墓南部近景

四脚墩土墩墓群

四脚墩土墩墓群远景

四脚墩土墩墓群位于镇江新区丁卯街道磨盘山附近的汤家湾村，计4座土墩墓。大型墓高约6米，直径约50米；中型墓高约5米，直径30米左右。这一墓群是西周时期吴国文化葬制的典型墓葬。其中3座墓已发掘，发现的随葬品有原始青瓷碗、夹砂陶鬲、泥质红陶盆、泥质灰陶豆等。

四脚墩土墩墓群2011年被公布为江苏省文物保护单位。

江河交汇

四脚墩土墩墓群近景

狮子山土墩墓群

狮子山土墩墓群位于丹阳市司徒镇甸头村西北。墓群南北长约 250 米，东西宽约 180 米，占地面积约 45000 平方米。该土墩墓群墓葬规制较高，属于平地起台筑墩，这在丹阳地区尚属首次发现。土台基高出地表 8～10 米，台基呈南北走向的长条形。土台上清晰可辨的土墩墓有南北两个，南墩较大，底径 40～50 米；北墩稍小，底径 30 米左右。在土台南部应该还有 3～4 个土墩墓存在，但因植被茂盛，且地表特征不太明显，难以确定。土墩墓四周有保存完整的狭窄的环壕水系围绕，环壕大部分存在，仅东侧部分消失，当地村民称此环壕为"东城河""西城河""南城河"。

狮子山土墩墓群 2008 年在第三次全国文物普查时被发现，2011 年被公布为江苏省文物保护单位。

狮子山土墩墓群环壕

狮子山土墩墓群全景

油库墩土墩墓

油库墩土墩墓位于镇江市区东郊谏壁镇。墩体呈馒头状，底径 60 米，高 8 米，筑于滨江山冈上。根据过去对大港沿江土墩墓发掘的结果判断，此处是西周时期吴国贵族的一处重要墓地，为大港沿江土墩墓群之一。

油库墩土墩墓 2011 年被公布为江苏省文物保护单位。

油库墩土墩墓

镇江物质文化遗产文物保护单位图录

宗泽墓

宗泽纪念公园

　　宗泽墓位于镇江东郊京岘山北麓，当地人称宗泽山、宗家坟。墓坐南朝北，周长 28.8 米，高 3.5 米。墓前立石碑，上刻"宋宗忠简公讳泽之墓"。向北是长近百米、宽 2.5 米的墓道。墓道前有牌坊一座，两边石柱刻联语："大宋濒危撑一柱，英雄垂死尚三呼"，背面刻"颁表八百年前勋绩永昭明于日月，锡垂万千载后珠矶长炳耀乎乾坤"。

　　宗泽（1059—1128），字汝霖，浙江义乌人。他为官清正，历任县尉、县令、通判、知府等职，以廉洁著称，颇有声绩。宣和元年（1119）任职南京，遭诬陷，被革职贬至镇江。靖康元年（1126）金兵大举侵犯，宗泽受命出任河北义兵总管，后升为副元帅，并率部连破金兵三十寨。建炎二年（1128）六月宗泽统率大军渡过黄河，追击金兵，遭投降派拒绝，忧愤成疾，七月卒，享年 70 岁。其子与岳飞依据他生前的夙愿将其遗柩南运与夫人合葬于镇江京岘山。

　　宗泽墓 1982 年被公布为江苏省文物保护单位。

宗泽墓墓冢

宗泽墓牌坊

宗泽墓墓道

赵子褫墓

赵子褫墓位于镇江新区车碾口附近山丘上。墓地由墓冢、墓碑、牌坊、石阶等组成，占地约200平方米。石牌坊上刻"赵氏佳城"，牌坊之后有一方墓碑。赵子褫墓为大港赵氏之始祖墓。赵子褫，字志南，生于北宋元祐己巳年（1089）六月初二日，卒于南宋绍兴丁丑年（1157）八月初六日，宋太祖之次子燕王德昭六世孙（另一说为五世孙），建炎三年（1129）卜居抗金前线大港，宋高宗封赵子褫为朝散大夫。

赵子褫墓2011年被公布为江苏省文物保护单位。

赵氏佳城牌坊

赵氏佳城近景

赵氏佳城远景

见月和尚墓

　　见月和尚墓位于句容市宝华镇宝华山隆昌寺北面的半山腰间。墓建于清代早期，占地面积 396 平方米。石冢为环形结构，墓塔由三块巨石垒成，高约 2 米，上刻莲瓣纹，中间之石刻"传南山宗中兴止作宝华第二代见月律师塔"，塔顶有一石顶，圆如大盆。

　　见月（1601—1679），中国律宗第二代祖师，俗姓许，楚雄县人，14 岁时父母双亡。少好游，曾到金沙江、甸尾等地，因羡慕赤松子，遂出家当道士，后舍道入佛。32 岁从宝洪山亮如法师剃度，法名读体。明崇祯九年（1636）到镇江海潮庵，第二年从三昧和尚受具足戒，继而随三昧和尚传戒诸方，开始阅读律藏，为各方所推重。见月和尚墓保存完整，是隆昌寺历史的重要见证。墓园的建制、结构特点显著，是江南高僧墓葬形式的重要代表。

　　见月和尚墓 2011 年被公布为江苏省文物保护单位。

见月和尚墓塔

见月和尚墓全景

见月律师造像

楠木厅柱头　　　　　　　楠木厅瓜柱　　　　　　　楠木厅梁架

五柳堂

　　五柳堂位于镇江市区演军巷16号。原有前后共七进平房及一座藏书楼，为明清和民国时期民居建筑群。现原地保护三进和一座藏书楼。第一进为楠木厅，第二进为斜厅，第三进为阁楼厅，均为面阔三间的硬山式平房。楠木厅系明代建筑，梁架、立柱均为楠木，梁架用材硕大，立柱呈棱柱状，顶部有卷刹，做抬梁，次间山面无脊柱。这种宋元遗制实例甚是可贵。斜厅建于清代前期，整个屋身斜形而立，与楠木厅不在一条中轴线上，颇具个性。阁楼厅与斜厅以回廊相连，东西间附建阁楼，颇为独特。藏书楼建于民国，亦名游经楼，二层，取陶潜诗"游好在六经"之意。

　　五柳堂宅主陶氏系五柳先生陶潜的后人，祖居江西浔阳，迁江都，后居镇江，凭"络丝"手工劳动逐步发展成江绸业巨擘。五柳堂为陶蓬仙藏书、写作之处，陶蓬仙曾在此编纂《润州唐人集》等书。五柳堂建筑群延续明、清及民国三个历史时期，代表着镇江古民居的特点和风格。

　　五柳堂1995年被公布为江苏省文物保护单位。

五柳堂全貌

焦山定慧寺

定慧寺老山门

定慧寺院落

海不扬波石刻

  焦山定慧寺位于镇江城区东北焦山南麓，始建于东汉兴平元年（194）。初称普济庵，宋代改称普济禅院，元代更名为焦山寺，康熙帝赐名定慧寺。现定慧寺的天王殿、大雄宝殿、藏经楼、海云堂、经堂、毗卢殿、伽蓝殿、祖殿、华严阁、新老山门、钟鼓楼等建筑，保留着明清建筑的风格。大雄宝殿由唐初玄奘法师的弟子法宝法师创建，宋景定四年（1263）大殿焚毁，德瞋和尚按原貌重建。现大雄宝殿面阔五间，为重檐庑殿顶，正脊较短，两端置鸱吻，翘角屋檐，上饰奇数吉祥瑞兽；殿内四面为木格平面，中央八面八角，层层收缩，形成圆形藻井，成复井式，彩绘图案，纹饰绮丽，有二龙戏珠、百鸟朝凤、仙鹤云游等。老山门是行载禅师于清康熙四十八年（1709）募建，为重檐歇山式，下层是入山、寺的通道，上层为四方亭结构，两层斗拱下皆有斗拱，向南正面有卷棚式檐口伸出。山门前立石狮一对，为明代遗存，门两旁置光绪七年（1881）巴州廖纶题书对联："长江此天堑，中国有圣人。"迎面照壁墙上镶明代书法家所书"海不扬波"石刻。焦山定慧寺对研究佛教在江南地区的传播和古代建筑的发展具有重要意义。

  焦山定慧寺 2011 年被公布为江苏省文物保护单位。

定慧寺大雄宝殿

定慧寺天王殿

张家祠堂边贴

张家祠堂正厅

张家祠堂梁架

张家祠堂正厅位于句容市后白乡芦江村中南部，为明代建筑。原有三组建筑，共五进，现存中轴第三进第一个厅。厅面阔五间，长24米，进深11米，七檩，硬山式顶，屋顶坡水平缓。因该建筑梁柱均为楠木，所以又称楠木厅。其用材粗大，厅前后出檐较远，达1.3米，建筑面积254.4平方米。

张家祠堂正厅1995年被公布为江苏省文物保护单位。

张家祠堂全貌

季河桥

　　季河桥位于丹阳市延陵镇九里村季子庙南大门，又名奈何桥。现桥座下的九里大塘原为元、明、清时期的香草河故道。季河桥始建于元至正二年（1342），由僧法安募建。明景泰二年（1451）改建为石拱桥，位于当时的季子庙南门之首。

　　季河桥为单孔石拱桥，纵联分节并列砌置，南北向，高 6.18 米，长 22.3 米，宽 5.5 米。拱桥两侧龙门石上各刻有"季河桥"三字，拱角狮面雕塑为省内所罕见。季河桥完整地体现了明代江南石拱桥的工艺特色，古朴典雅，保存完好，具有较高的历史、艺术价值。

　　季河桥 2011 年被公布为江苏省文物保护单位。

季河桥全貌

朱氏宗祠

朱氏宗祠门楼

朱氏宗祠门楼细部

朱氏宗祠照壁

朱氏宗祠位于镇江新区姚桥镇儒里村。始建于清康熙年间，距今有300多年历史。现有房屋三进十七间，带厢房连同双券门、大照壁、冶墅园共占地1400平方米。第一进门厅面阔五间，对面为大照壁，中间为广场。二进门的门楼上有两块石匾，朝外的石匾上刻"紫阳世泽"，朝里的石匾上刻"虹井流芳"。书者据传是清代号称"江南二笔"之秀才塾师徐退。祠堂第二厅为祭堂，第三进为享堂，供奉着祖宗牌位。朱氏宗祠先祖是南宋理学宗师朱熹。朱熹第八代孙朱文通，谱名亨三，是迁居儒里的始祖。

朱氏宗祠2011年被公布为江苏省文物保护单位。

朱氏宗祠大门

开泰桥

开泰桥位于丹阳市城区南门外大街，横跨于东西向的西门运河上。开泰桥又名"草堰桥"，始建于明万历年间。为花岗岩石质单孔石拱桥，横纵联锁式砌置，桥拱部两侧有"开泰桥"三字。桥体东西明柱各有对联一副，东侧为"束京口潮流，百尺虹腰，高踞迎春以上；枕曲阿塔影，千层雁齿，迤趋萃秀而东"。西侧为"横波激石，峙并雄关，摇揖凤凰山秀；堰水长虹，跨当孔道，旁通香草河流"。桥面石阶的中心线上铺有条石路，以便独轮车通过。

开泰桥下方的西门运河是明万历十六年（1588）将丹阳县城西、南城壕拓宽浚深后而成的京杭大运河古河道。此后，往来船只从丹阳城外绕行。

开泰桥 2011 年被公布为江苏省文物保护单位。

开泰桥桥拱

开泰桥远景

开泰桥本体

清真寺大殿

山巷清真寺

山巷清真寺位于镇江城西山巷以东今清真寺街，又名西大寺。初创于康熙年间，迭经兴废，同治十二年（1873）重建，1982年又重新整修。清真寺四周为青砖围墙，条石基础，有门楼，上置斗拱，对门有照壁。大门内有门廊明间、过厅、走廊。大殿面阔五间，硬山式，前有廊檐，梁上绘彩画，迎面为大槅扇，两侧设券拱门。

清真寺正门楼，面阔三间，进深二间，门楼两侧为磨砖壁八字门墙，门上额书"清真寺"正楷大字。殿前有庭院，东设对厅，会客之用。清真寺大殿为清真寺的主体建筑，是穆斯林礼拜场所，规模之大为江苏省之冠。整个建筑群布局既具有中国宫殿式建筑特征，又具有阿拉伯建筑艺术色彩。建筑内有以阿拉伯文和几何纹样组成的近800种文饰、1000多个图案。寺内还设有窑殿和望月楼，是重要的礼拜之处。

山巷清真寺2011年被公布为江苏省文物保护单位。

清真寺鸟瞰

江河交汇

金山寺

金山寺

　　金山寺位于镇江城西。原名泽心寺，始建于东晋，清康熙年间改名为江天禅寺。咸丰年间毁于火，同治八年(1869)重建，今存天王殿、观音阁、魁文阁、大彻堂、禅堂、楞伽台等古建筑17栋。天王殿面阔三间，悬山筒瓦顶，正面有三券门，殿后有廊，廊柱上部有雕花镂空枋板和卷叶式雀替。民国间又复建牌楼、大殿、藏经楼等建筑。观音阁始建于明永乐年间，清同治年间重建，东墙上嵌乾隆游金山御碑三方；大彻堂建于同治年间；魁文阁原名奎文阁，始建于宋，同治年间重建；楞伽台又名书经楼，始建于宋，光绪、民国年间重建，楞伽台之北又有民国建的阁楼，正南置老虎窗8个，南崖壁嵌石刻"楞伽台"三字；牌楼建于民国初年，混凝土质地，为四柱三楼式，中央悬挂康熙帝所题"江天禅寺"四字匾，牌楼两侧有八字墙，墙前有石狮一对。另山顶慈寿塔始建于南朝齐梁间，宋代为双塔，后圮，清光绪二十六年（1900）重建一塔，取名"慈寿塔"，塔周围墙壁嵌碑碣20方。金山寺寺门朝西，依山而建，殿宇栉比，亭台相连，遍山布满金碧辉煌的建筑，因而有"金山寺裹山"之说。

　　金山寺2011年被公布为江苏省文物保护单位。

金山寺鸟瞰

救生会旧址

小码头遗址

院落

救生会正门

救生会旧址位于镇江城西西津渡古街。清康熙四十二年（1703），京口蒋元鼐、朱用载、蒋尚忠等15人"劝邑中输钱，救涉江覆舟者"，共捐白金若干，在西津渡观音阁成立"京口救生会"。康熙四十七年（1708），救生会购得西津渡昭关晏公庙旧址，建屋三间作为会址，即现址。救生会旧址临街为砖木结构二层小楼，正门上置"救生会"石额，为清光绪二十一年（1895）立石，朝北有院落和连廊。

救生会是古代救护各种船只和渡江人员的社会慈善机构。京口救生会专司打捞沉船和江上救生事宜，影响遍及大江南北。江西、湖北、安徽各省纷纷仿效京口救生会，打造救生红船，实施救生事宜。该会成立后持续活动长达200年之久，在我国水上救生史上以及古代民间慈善事业中均堪称奇迹。京口救生会比西方创设最早的美国马萨诸塞州救生组织早84年，较英国皇家救生会早188年，堪称世界上最早的救生组织，有着较高的历史价值和科学价值。

2011年，救生会旧址连同考古发现的小码头（救生码头）遗址被合并公布为江苏省文物保护单位。

小码头遗址保护展示

烂石陇南朝佚名墓石刻

　　烂石陇南朝佚名墓石刻位于丹阳市后巷镇建山村。两石兽间距19米，南北相对列，南辟邪已破坏严重，只余身体；北辟邪身长1.58米，高1.35米，颈高0.75米，体围1.70米，张口伸舌，半蹲踞状。该石刻是丹阳南朝陵墓石刻之一，据专家分析，可能是齐前废帝郁林王萧昭业的陵墓石刻。

　　烂石陇南朝佚名墓石刻1995年被公布为江苏省文物保护单位。

烂石陇石刻

烂石陇石刻远景

季子碑亭

延陵季子碑

延陵季子碑位于丹阳市九里镇南街北端。碑高 2.45 米，宽 1.06 米，厚 0.12 米。碑文为两行十字"呜呼有吴延陵君子之墓"，所以又称"十字碑"。季子为春秋时代吴王寿梦第四子季札，后被封于延陵，故称延陵季子。据史书记载："季子贤，寿梦欲立之，能始终让全其志。一使上国，而遍交其贤士大夫；观乐于鲁，而知列国之盛衰。夫差穷兵黩武，季子救陈，独能全师以退，盖识量过子胥远矣。"季子死后，家人在九里镇为其造墓建庙，在庙前立碑。原碑相传为孔子所书，已佚；现碑为唐大历十四年（779）萧定重刻。

延陵季子碑 1982 年被公布为江苏省文物保护单位。

季子碑正面

季子碑背面

季子碑正面拓片

季子碑背面拓片

铜钟

钟钮　　铜钟铭文　　　　钟亭

铜钟位于丹阳市人民公园内。钟连钮通高 2.19 米，外径 1.4 米，厚 0.11 米。截面为圆形，唇六曲，口沿铸以宽郭，钟体分三段浇铸。钟钮铸相背连体双龙，为传说中的龙第五子蒲牢。钟上铭文清晰可见："女弟子五十四娘请镌智炬如来破地狱真言……敕于本□建铸铜钟一口，重一千五百斤……维唐中和三年岁次癸卯，九月甲子朔，十三丙子，润州丹阳县朝，银青大夫……"钟铭记载了铜钟于唐中和三年 (883) 由信女五十四娘捐资首倡以铸的历史资料。

铜钟原在丹阳城内南大街普宁寺，该寺始建于东晋咸康五年 (339)，初名"显阳"，唐更名"昭阳"，宋大中祥符年间赐额"普宁"。清咸丰十年 (1860) 寺毁废，楼毁钟亦坠地。新中国成立后，铜钟置于丹阳市人民医院院内，1983 年迁至现址建亭保护。经测定，钟重 3012.5 千克。

铜钟 1982 年被公布为江苏省文物保护单位。

铜钟

华阳洞摩崖石刻

华阳洞摩崖石刻（一）

华阳洞摩崖石刻（二）

华阳洞摩崖石刻位于句容市茅山华阳洞口外的岩体上。华阳洞为天然溶洞，与玉柱洞、仙人洞相连。《茅山志》载："此洞极深远，有五便门达于洞外……"洞口上"华阳洞"三字为苏轼所书。清康熙皇帝南巡时曾在此题"华阳洞天"四个大字。由于这里遍山净绿，洞壑幽奇，因此历代游人纷至沓来，寻胜探幽。洞壁上留有唐代以来许多文人的题词石刻，十分珍贵。

华阳洞摩崖石刻 2006 年被公布为江苏省文物保护单位。

华阳洞摩崖石刻（三）

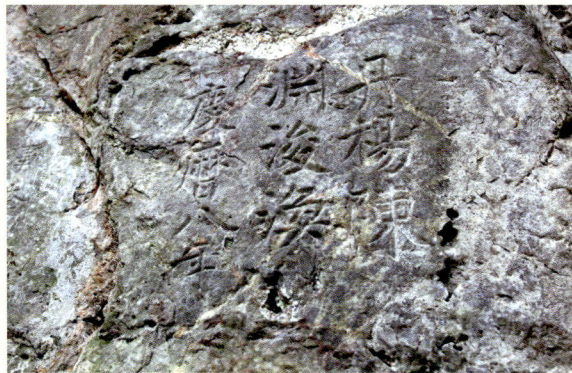

华阳洞摩崖石刻（四）

赵伯先故居东厢

赵伯先故居

　　赵伯先故居位于镇江新区大港镇。故居系晚清传统民居建筑，前后三进，大院前有门楼，内有明间过道、天井。前进两旁有厢房，中进为三间敞厅，天井内种植黄杨树。后进二层小楼为卧房，中为堂屋。赵伯先青少年时住在东屋。后院为厨房。2008年，镇江新区对故居进行了修缮，恢复了原貌。

　　赵伯先（1881—1911），名声，大港镇人。17岁中秀才，江南陆师学堂毕业后到日本考察军事，回国后，到镇江大港镇办"阅书报社"，积极投入到反清革命斗争之中。1911年春，赵伯先和黄兴领导了广州起义。广州起义失败后，赵伯先因懊丧过度又积劳成疾，于1911年4月29日病逝于香港，年仅31岁。辛亥革命成功后，孙中山为表彰赵伯先的功业，追赠他为陆军上将军。

　　赵伯先故居2011年被公布为江苏省文物保护单位。

赵伯先故居正厅

广肇公所石额

广肇公所

　　广肇公所位于镇江市区伯先路82号。广肇公所由卓翼堂主持，于光绪三十三年（1907）由广东、肇庆两府等地区旅镇经商的同乡会筹资建造，是为会议洽谈业务之用，故名。广肇公所坐东朝西，有大门楼、厅房正屋、厢房、偏屋大小20余间，占地面积约600平方米。正门楼的石额上刻有"广肇公所"四字，为前护川督陈燏书。四周磨砖上浮雕"五福盘寿"和琴棋书画，以及福禄寿三星和樵渔耕读等花饰。厅房南侧厢房墙壁嵌有一"广肇公所记"石碑，记载公所之历史。孙中山先生民国初到镇江视察时曾在此住过。2011年进行维修，恢复了原貌。

　　广肇公所2011年被公布为江苏省文物保护单位。

广肇公所全景

圌山炮台遗址

　　圌山炮台遗址位于镇江新区东五峰山下二矶头。炮台依山面江，地势险要。阵地分两处，一处在山脚，突出江面，暗堡式；另一处位于山中部斜坡下靠江处。该炮台建于 1840 年。在 1842 年对英军的"扬子江战役"中，炮台军民同仇敌忾，英勇奋战，值得永远纪念。

　　圌山炮台遗址 1982 年被公布为江苏省文物保护单位。

圌山炮台近景

圌山炮台三合土墙壁

圌山炮堡结构

焦山炮台遗址

焦山炮台炮堡

焦山炮台南入口

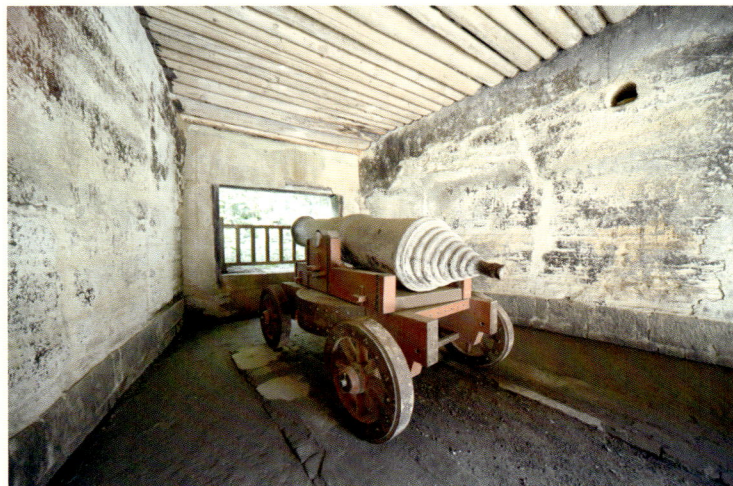

炮堡内部

焦山炮台遗址位于镇江焦山的东北麓，始建于清道光二十年（1840）。炮台遥对松寥山，与象山隔江对峙，位置险要，是控制镇江口岸的重要防地。炮台基地呈扇形，长77米，宽约55米，有暗堡式炮位8个，炮位进深12米。建筑以大木、方石为基，以黄泥、石灰、细砂三合土配以糯米汁用模板层层夯实筑成。另有大型弹药库一座，内层为水泥砂石材料，外层为黄泥石灰材料。1842年7月21日，英侵略者发动了"扬子江战役"，直逼镇江和南京。英侵略军侵入长江，遭到圌山和焦山炮台守军英勇的抵抗和沉重的打击。副都统海龄率领青州兵和旗兵奋力抵抗，猛烈炮击，但因寡不敌众，炮台失守，焦山守军全部壮烈殉国。

焦山炮台遗址1982年被公布为江苏省文物保护单位。

张云鹏旧居

　　张云鹏旧居位于镇江市区仓巷内，建于清光绪年间，是典型的江南园林式建筑。旧居前后四进9间，占地近600平方米，建筑设计独特，其间有庭院、回廊、腰门、亭台、月洞门等，院内绿树葱茏，典雅幽静。

　　张云鹏（1900—1958），出生于中医世家，为镇江名中医。整个建筑保存完好，风貌依存。1994年张氏后人张松本、张松祥兄弟自筹资金，将故居落地重修，恢复原貌。2000年，张云鹏旧居被联合国教科文组织授予亚太地区文化遗产保护杰出项目奖。

　　张云鹏旧居2006年被公布为江苏省文物保护单位。

张云鹏旧居大门

天井

院落

院落全貌

裕民蚕种场第五茧室

合众蚕种场缫丝室

镇江合作蚕种场旧址

　　镇江合作蚕种场旧址位于镇江城西四摆渡蚕种场和江苏科技大学西校区内。清末民初镇江开始发展蚕桑业。民国间,中国合众蚕桑改良会为了繁育优良蚕种、推广新法养蚕、提高丝绸产品的质量、促进全国蚕业经济的发展,于1926年在镇江四摆渡创建了镇江蚕种制造场。该场创办伊始,便成绩斐然,其繁育的优良蚕种深受江浙一带蚕农欢迎。在其影响下,地方贤达相继开办了民营的裕民、明明、益民、瑞昌、均益、永泰、三益、永安、女职等10多个蚕种场。后来为扩大优良蚕种的供应范围,又将镇江这10多个蚕种场和苏州、南京的部分蚕种场联合起来,以镇江蚕种制造场为核心,成立了合作蚕种场,成为全国优良蚕种生产基地,蚕种行销从江浙扩至皖、鲁、晋、陕、鄂、川、粤等地并远销国外。现存的蚕种场建筑共计21幢,保存完好,整个制种流程配套十分齐全,全国罕见。

　　镇江合作蚕种场旧址2011年被公布为江苏省文物保护单位。

西储茧室(岗楼)

益民蚕种场工字楼

陆小波故居及墓

二进大门

陆小波故居天井

　　陆小波故居位于镇江市区打索街 68 号。故居为清代传统民居建筑，坐北朝南，前后共四进，沿中轴线排列，最北附生活厢房。一、二进为平房，第一进东为大门。第二进门上为八仙上寿磨砖雕花图案，较为精致。第三进设有卷棚，为对合大厅，天井内有过廊式半亭。第四进为雕栏二层小楼，为陆小波起居室，上下皆为三间两厢，呈"凹"字形。东部有小巷一条，内有水井一眼。2007年 12 月，陆小波的后人将故居捐赠给镇江市人民政府。2008 年，镇江市人民政府出资，镇江市文化局和文物管理委员会办公室按照"修旧如故，以存其真"的原则对故居进行了落架式修缮，恢复了其原有风貌。

　　陆小波墓位于镇江市丹徒区高资镇夹山村后头山，南距 312 国道约 2000 米，为陆小波与其妻吴夫人的合葬墓。2008 年，镇江市政府对墓地进行了修缮。现墓地占地 70 平方米，居中为墓冢，四周石栏和松柏相围，肃穆庄严。

　　陆小波故居及墓 2011 年被公布为江苏省文物保护单位。

陆小波故居

陆小波墓

赛珍珠旧居

一楼内部

侧面

赛珍珠旧居位于镇江市区西北登云山上。旧居是一座具有中西合璧特色的砖木结构两层楼房，占地约400平方米。屋内中轴设楼梯，每层均有会客室、卧室，南北两侧有门或凉台。另在地下有半人高地下室。

赛珍珠（1892—1973）出生于美国，4个月后即被身为传教士的双亲带到中国。赛珍珠在中国生活了近40年，在镇江生活了18年。她把中文称为"第一语言"，把镇江称为"中国故乡"，曾著《大地》一书介绍中国，1938年获诺贝尔文学奖。1992年10月31日，赛珍珠旧居被命名为"镇江市友好交流馆"。

赛珍珠旧居2002年被公布为江苏省文物保护单位。

赛珍珠旧居全貌

镇江物质文化遗产文物保护单位图录

赵伯先墓

赵伯先墓位于镇江南郊竹林寺东文苑景区内。赵伯先墓是 1912 年为纪念辛亥革命烈士赵声（伯先）而建，由牌坊、石桥、墓道、坐雕石狮、墓冢、陵园和纪念亭构成，四面环水，遍植荷柳，绿树森森，占地 50 亩，合 33300 多平方米。

石牌坊为四柱冲天式，上额镌有"浩气长存"四个字，石柱上镌有"巨手劈成新世界，雄心恢复旧山河"和"绿竹径回环劲节雅似君子德，黄花岗缥缈忠魂是有故人游"两副对联。石牌坊前有三座石拱桥跨水渠而立，由此进入陵园。墓冢建于圆形台基之上，墓以四层弧形石块建造，上层封土，通高 2.7 米，墓前置有供桌，墓迎面正中立有"大烈士赵百先之墓"的巨大墓碑。整体环境林木葱郁，庄严肃穆。陵墓前方一里许，有一水池，水中央土丘建有纪念亭，亭中置巨碑，镌刻赵声骑马戎像，今该亭位于碧榆园内。

赵伯先墓 1982 年被公布为江苏省文物保护单位。

墓冢前石刻

赵伯先墓冢

赵伯先墓牌坊

冷遹旧居后花园全景

冷遹旧居

冷遹旧居主楼与厢房

李岚清题写冷遹纪念馆馆名

冷遹旧居位于镇江市丹徒区黄墟镇东侧。旧居正门朝南，院落宽大。主楼是一幢坐北朝南中西合璧式二层楼，建于1917年。后面两侧为厢房。冷遹，原名晓岚，字御秋，别号秋雨。1906年加入同盟会，参加过武昌起义、二次革命、护法运动、护国运动，并积极支持中国共产党抗日。新中国成立后任江苏省副省长、省政协副主席等职务。2004年，镇江市政府在原旧居建筑内筹建冷遹纪念馆，2005年正式对外开放。

冷遹旧居2002年被公布为江苏省文物保护单位。

冷遹旧居主楼全貌

江河交汇

"五卅"演讲厅

碑刻

五卅演讲厅飞檐翘角

　　"五卅"演讲厅位于镇江城西伯先公园内云台山东麓。该厅于 1925 年 8 月奠基，1926 年竣工。该厅为仿古重檐歇山式建筑，四角上翘，全长 28 米，宽 19 米，底层四面有环廊，廊柱高 3.7 米，廊宽 2.2 米。厅内正中为讲台，楼上下约有 500 个座位。墙基南北两面各有白石题刻一方，上刻"中华民国十四年八月镇江各界纪念五卅惨案建筑此厅永示不忘"。整个建筑古朴庄重、典雅大方。1925 年"五卅"惨案在上海发生后，镇江 3 万余人集会、游行，并成立了"镇江外交后援会"。同时，镇江各界掀起了抵制日货的活动，对藏有日货的奸商进行罚款，得罚金数万元，经各界会商，决定用该款建造"五卅"演讲厅。演讲厅日后成为爱国宣传的重要场所。

　　"五卅"演讲厅 1982 年被公布为江苏省文物保护单位。

五卅演讲厅全景

镇江商会旧址大门

镇江商会南立面风貌

镇江商会旧址风貌

镇江商会石额

镇江商会旧址

镇江商会旧址位于镇江城西伯先路 73 号。1929年由陆小波用北伐军归还镇江商会 20 万借款中的 4 万元建造而成。该建筑占地面积约 1891 平方米,为砖木结构,青砖叠砌,有房屋 78.5 间,为三层楼式。整个建筑呈长方形,正门朝南,迎街面东另造一大门楼,南面门楼为西式墙面,砌 8 个方形砖柱,中部大门上凸出,砖砌券形门洞上有逐层向内凹的圈带状装饰,券底落在圆白石柱上,门上嵌白石横额,上镌刻"镇江商会"四个大字,落款为"于右任题"。其内部为中式三进。第一进为走廊、天井。中为大厅,面阔三间,迎面朝南采用中式隔扇,两旁为厢房,内部多为木立柱式,水磨石子地面,平顶天花。第二进前为平房,后为二层楼。第三进由东大门通道进入,设有楼梯,进入天井为一座三层楼房,有走廊与第二进相通,屋顶为平瓦,坡度较缓。整幢建筑为中西结合形制。该建筑北部为中央银行镇江支行。抗日战争期间,商会为日军宪兵队侵占。日军投降后,商会又改作善后救济总署苏宁分署。现为镇江工商联办公场所。

镇江商会旧址是伯先路近代建筑群的代表之作,是民国期间建筑的精华,是镇江银行业和商会历史悠久、兴旺发达的见证,是著名民族工商业家、爱国人士陆小波的纪念性建筑。在全国商会建筑中,镇江商会旧址"江苏唯一,全国少有"。

镇江商会旧址 2006 年被公布为江苏省文物保护单位。

江苏省立镇江图书馆

题额

　　江苏省立镇江图书馆位于镇江市区解放路 17 号院内。坐西朝东，两层楼房，中间为三层书库，占地面积 634 平方米，总建筑面积 1000 平方米，由钢筋水泥耐火砖砌成，具有防火、防潮、防震功能。当时该馆在全国图书馆界知名度很高，曾被收入《中国省市图书馆》一书。

　　1929 年，江苏省省会由南京迁至镇江。1931 年秋江苏省教育厅决定筹建省立镇江图书馆。1935 年 1 月开始建新馆。同年 9 月竣工，10 月迁入并对外开放。1937 年春，在该楼之南建景贤楼为宿舍。该楼新中国成立初为部队所用，1986 年发还市图书馆使用。

　　江苏省立镇江图书馆 2006 年被公布为江苏省文物保护单位。

江苏省立镇江图书馆

新四军四县联合抗日会议会址

新四军四县联合抗日会议会址位于镇江市丹徒区宝堰镇东南部的通济河南端。该会址原为张洪年的"怡和酒行"及其宅院，占地6亩，中西结合建筑，工艺讲究，且防卫能力异常坚固，内有上下暗道，能攻能守，院内有哨楼及上下通道。1938年7月，陈毅率新四军第一支队到达宝堰，曾住于此，并在此召开镇（江）、句（容）、金（坛）、丹（阳）四县抗敌筹备会，为建立茅山抗日根据地奠定了基础。新中国成立后，宝堰镇政府在此办公。该旧址东大院建于1921年，西大院建于1927年，砖木结构，主体为楼阁建筑，有过道、大院、天井，建筑总面积2616平方米，迄今尚保留原来楼房4厢34间。

新四军四县联合抗日会议会址1982年被公布为江苏省文物保护单位。

院落

哨楼

怡和酒行

新四军四县联合抗日会议会址

新四军江南指挥部旧址

新四军江南指挥部旧址展览

　　新四军江南指挥部旧址位于丹阳市界牌镇。该建筑建于 1934 年春，传统木结构楼房，前后两进厢房共 14 间。该地曾作为新四军江南指挥部和中共京沪路北特委驻扎地，陈毅、粟裕、谭震林等我军领导人在此开辟了丹北革命根据地，是苏南、苏中、淮南路东三大抗日根据地之间的重要战略联络地区，是我党政军南来北往的战略通道，在抗日战争和解放战争期间发挥了极其重要的作用。

　　新四军江南指挥部旧址 2002 年被公布为江苏省文物保护单位。

新四军江南指挥部旧址全貌

培根师范旧址

鸟瞰

院落

培根师范旧址位于扬中市油坊镇长旺村，原为庆善公所。1939年江南抗日义勇军挺进纵队管文蔚部进驻扬中，在长旺村恢复"扬中师资训练班"。1945年秋，抗日战争胜利，为纪念扬中抗日民主政权缔造者之一、扬中县抗日民主政府第一任县长李培根烈士，在此创办了"扬中县培根简易师范学校"，简称"培根师范"。学员为乡村基层干部及社会知识青年，到当年11月初新四军北撤时结业。旧址保留完整，为砖木结构四合院式瓦房。培根师范旧址是扬中市纪念革命烈士、培养革命骨干的实物见证。

培根师范旧址2011年被公布为江苏省文物保护单位。

总前委、三野司令部驻地旧址

总前委旧址位于丹阳市云阳镇宝塔弄 5 号,原为戴盆天私人住宅。1949 年 4 月 24 日总前委进驻,总前委主要领导人陈毅、邓小平分别于 1949 年 5 月 3 日、6 日从南京来丹阳,在此办公和居住,指挥京、沪、杭战役,至 5 月 26 日离开丹阳去上海。该旧址现有二层楼房三间,建筑面积 254 平方米,门楼一座,园内天井占地 1344 平方米。

三野司令部驻地旧址位于丹阳市云阳镇东门大街 46 号,原为丹阳地方绅士胡尹皆私宅。渡江战役胜利后,第三野战军司令部于 1949 年 4 月 24 日驻此,其主要领导人在此办公和居住,指挥解放上海的战斗和接管上海的准备工作,5 月 26 日攻克上海后即撤离。该旧址计有砖木结构平房三间,占地 134 平方米。

总前委、三野司令部驻地旧址 1995 年被公布为江苏省文物保护单位。

总前委大门

总前委旧址院落

三野司令部驻地旧址全貌

三野司令部驻地旧址大门

苏南抗战胜利纪念碑

陈毅、粟裕雕塑

苏南抗战胜利纪念碑位于句容市茅山西侧的望母山巅。为纪念在苏南抗战中牺牲的革命先烈，缅怀陈毅、粟裕、谭震林等老一辈无产阶级革命家，镇江市发动全市党员干部捐资兴建了该纪念碑。1995年9月1日，江苏省委举行了隆重的庆祝抗战胜利50周年暨苏南抗战胜利纪念碑落成仪式。

整个纪念碑由纪念碑体、台阶、胜利广场、陈毅粟裕铜像、新四军小号手铜像、将军陵园、观景亭、牌坊等七部分组成。纪念碑碑名由原国防部部长张爱萍上将题写，碑阴刻有114字碑文。

苏南抗战胜利纪念碑2011年被公布为江苏省文物保护单位。

江河交汇

苏南抗战胜利纪念碑广场

纪念碑背面

镇江市

ZHENJIANGSHI WENWU BAOHU DANWEI

文物保护单位

西长安里民居建筑群
沸井
「天下第一江山」石刻
节孝祠碑刻
焦山顶快炮台
亚细亚火油公司旧址
德士古火油公司旧址
税务司公馆旧址
合山快炮台遗址
伯先路近代建筑群
美孚火油公司旧址
镇江近代江防工事遗址
伯先公园
崇实女中旧址
筬庐
张鹏故居
春顺园包子店旧址
刘景韶旧居
王宗培烈士墓
交通银行旧址
郭礼征旧居
中华三育研究社旧址
基督医院
真道堂旧址
中山纪念林塔
省庐
绍宗国学藏书楼
王家花园
厚角贾氏民居
老气象台旧址
镇江自来水厂旧址
大康新村
江苏省镇江潮水位站
私立京江中学旧址
韦岗伏击战战场遗址
新丰车站抗日战斗旧址
贺甲战斗旧址暨烈士碑亭
吕凤子故居
华东财经委员会旧址
柳诒徵墓

戴家山遗址
城头山遗址
磨盘墩遗址
句容浮山土墩墓群
荆王刘贾墓
七星堆古墓区
高陵
太史慈墓
颜真卿墓
米芾墓
杨一清墓
葛洪炼丹井
梦溪园
紫金泉
古洋泉
嘉山寺
僧伽塔
绍隆禅寺大殿
解家祠堂正厅
大路崇贤里王氏宗祠
茅山三天门
超岸寺
萧氏宗祠
敦睦堂
万善塔
天下第一泉
城隍庙戏台
招隐寺（读书台、听郦山房、虎跑泉）
火星庙戏台（名易殿看台）
唐老一正斋药店旧址
福音堂
太平天国新城遗址
老存仁堂药店
殷家祠堂及殷氏六房旧宅
凌家祠堂及道署衙门围墙券门碑刻
姚桥镇张家老宅
殷家祠堂正厅
斩龙桥
芦江桥
务本堂

戴家山遗址

    戴家山遗址位于镇江东郊江苏大学校园东北角的戴家山上。形状为宁镇地区典型的台形遗址，高出周边地表约20米，占地约2500平方米。1985年南京博物院考古人员进行了试掘，发现一座灰坑，出土了石锛、铲、刀、斧、磨棒、砺石等细石器以及陶鼎、甗、釜、盆、碗等器物残片，属于新石器晚期良渚文化阶段镇江地区先民的一个聚落遗址。

    戴家山遗址1987年被公布为镇江市文物保护单位。

戴家山遗址

城头山遗址

城头山遗址出土文物

城头山遗址位于句容城东北句容水库内。四周环水，遗址面积约 28000 平方米，为高出地面 7 米的土墩。1981 年试掘 42 平方米，文化层厚 3.2～3.8 米，可分为 3 层：底层发现灰坑 2 个，出土石锛、镞，陶器以夹砂红陶为主，其次是泥质灰陶、红衣陶及黑衣陶，常见器形有鼎、甗、釜、匜、罐、盆、刻槽盆、杯、碗、豆等，属崧泽文化晚期；中层较薄，发现灰坑一个，出土石锛、刀、镞、纺轮、骨锥，陶器以夹砂红陶为主，次为泥质黑衣陶、红陶，灰陶较少，器形以鬲、甗、鼎、缸、罐、盆、钵、杯、豆为多见，属湖熟文化早、中期；上层石器少见，有残断的锛、斧以及炼铜坩残片、青铜镞，陶器夹砂陶比例大，泥质陶比例减少，印纹硬陶和原始瓷比例略有增加，属湖熟文化晚期至西周。

城头山遗址 2004 年被公布为镇江市文物保护单位。

城头山遗址全貌

磨盘墩遗址

磨盘墩遗址远眺

　　磨盘墩遗址位于镇江东郊丹徒镇南罗村北 200 米。遗址为一台地，高出周围地表 5 ~ 7 米，面积近 30000 平方米。东部有一阶地，高出地表约 3 米，面积近 2000 平方米。1991 年进行发掘。遗址为马家浜文化晚期至春秋时期的文化遗存。遗址西北 1000 米处为四脚墩土墩墓群，时代为西周中晚期。磨盘墩遗址与四脚墩土墩墓群有着紧密联系，前者为先民生活居住区，后者为生活在遗址中的先人们死后安葬之所。

　　磨盘墩遗址 2004 年被公布为镇江市文物保护单位。

磨盘墩遗址顶部风貌

浮山土墩墓出土文物

句容浮山土墩墓群

浮山土墩墓群位于句容市天王镇浮山果园东南。在约 4 平方公里范围内，有土墩墓 150 多个。土墩墓封土直径大部分为 10 ～ 15 米，高约 2.5 ～ 3 米。其中 10 余个大型土墩墓封土直径为 40 米，高 6 米左右。在南北长约 750 米、东西宽约 400 米的范围内，仅浮山村果园三队就有土墩墓 32 座。1974、1975、1977 年 3 次共发掘 7 座墓。 2005 年配合宁常高速公路的建设，南京博物院又发掘了 20 余座，共出土文物 3000 余件，一般为泥质陶和几何印纹硬陶器、原始青瓷器和夹砂红陶炊器。其中炊器以鬲、鼎、釜、甗等器型为主；盛器及实用器主要为坛、罐、瓿、碗、盅、盂、钵、豆、盖等。少数墓葬随葬有玦和纺轮。

浮山土墩墓群 2004 年被公布为镇江市文物保护单位。

浮山土墩墓风貌

荆王刘贾墓

　　荆王刘贾墓位于镇江市区青云门鼓楼岗鼓楼二村 1 号院内。坐东朝西，墓前竖碑，正中刻有"汉荆王之墓"，边刻"万历甲午夏吉日立"。墓主刘贾是汉高祖刘邦的堂兄，随刘邦定关中屡建战功。公元前 196 年淮南王英布起兵造反，刘贾在富陵（今江苏洪泽）被英布军杀害，葬于镇江。2012 年，镇江市文物局对墓冢进行了修复，对周边环境进行了初步整治。

　　荆王刘贾墓 1982 年被公布为镇江市文物保护单位。

荆王刘贾墓全景

七星堆风貌

七星堆古墓区

七星堆遗址墓砖

七星堆三号墩

七星堆二号墩

　　七星堆古墓区位于句容市西环路和北环路交会点的西南部，占地30000余平方米，属东吴至南朝的墓葬群。七星为日、月、金、木、水、火、土，墓按七星排列，有着浓厚的道教色彩，具有典型的句容古文化特色，现仅存6个封土堆。

　　吴《葛府君碑额》在此出土，现珍藏于南京博物院。该碑额高117厘米，宽74厘米，碑文三行，每行四字，正书，是孙吴时期留下的一块声名显赫的碑额，是我国至今发现时代最早的用楷书体书写的碑，被尊为"楷书鼻祖"。它的发现和存在解决了中国古代文字学、书法史上的一桩"公案"，证明晋代已经有了楷书，从而进一步证明了《兰亭序帖》存在的真实性。2011年完成墓区保护和遗址公园建设。

　　七星堆古墓区1999年被公布为镇江市文物保护单位。

高陵

　　高陵位于丹阳市司徒镇谭巷村大坟自然村北,村以墩为名。高陵即东汉末孙坚墓,俗称"大坟"。封土墩底径约 120 米,高约 18 米。

　　孙坚(155—191),字文台,祖籍吴郡富春(今浙江富阳)。官至破虏将军、乌程侯,汉末割据群雄之一,三国东吴的奠基人。曾参与讨伐黄巾军、董卓的战役,后与刘表作战时战死于襄阳岘山,归葬曲阿(今江苏丹阳)。其长子孙策继承并开拓了江东事业,次子孙权全面掌握江东后,于 229 年称帝,追谥孙坚为吴武烈皇帝。根据《三国志·吴书》《建康实录》《嘉庆重修一统志》等诸多正史记载,191 年孙坚战死后归葬于曲阿吴陵港,谥号武烈,陵曰高陵。元《至顺镇江志》、清乾隆《镇江府志》、清光绪《丹阳县志》等地方志也对高陵作过详细描述。据清光绪《丹阳县志》记载,高陵西南方 1500 米左右有白鹤山,传为孙坚父孙钟种瓜处,目前还有"灌瓜井"井栏尚在。

　　高陵 1999 年被公布为镇江市文物保护单位。

高陵全景

太史慈墓

太史慈墓位于镇江市区北固山中峰西南麓。墓高1.7米,直径约3米,建于长6.7米、宽7.4米的石平台上。墓前有高1.43米、宽0.7米的大理石碑,上刻"东莱太史慈之墓"。该墓曾湮没多年,清同治年间镇江修筑城墙时发现,并加以保护。现墓为1985年修建。太史慈(166—206),字子义,东莱黄县人。《三国志·太史慈传》对他作了详尽记述。《三国演义》第十五回"太史慈酣斗小霸王"描述了他的英勇善战。

太史慈墓1982年被公布为镇江市文物保护单位。

太史慈墓全貌

颜真卿墓

颜真卿墓位于句容市白兔镇行香虎耳山。颜真卿（709—785），字清臣，京兆万年（今陕西西安）人，开元进士，官至殿中侍御史、太子太师，封鲁郡公，为李希烈缢杀。南宋《景定建康志》中有王遂《唐颜鲁公祠记》，该记记载：颜真卿死后其子护丧葬句容虎耳山。现存封土直径 4.5 米，存高 2 米，前为神道，南宋时尚存石龟趺、石柱、石翁仲（石人）、供桌等，现已不存。明弘治《句容县志》亦有载。在封土旁现存 12 座颜真卿后人墓葬。目前行香镇仍有颜氏后裔居住。

颜真卿墓 2004 年被公布为镇江市文物保护单位。

颜真卿像

颜真卿墓地远景

米芾墓

米芾墓位于镇江城南黄鹤山北麓。米芾墓占地一亩余，从山脚到墓冢有台阶60级，分4段，约60米左右。平台三座，在第二座平台上有石坊一座。石坊有四根石柱，其中两根淡黄色，上刻"抔土足千秋襄阳文史宣和笔，丛林才数武宋朝郎署米家山"。上方横额刻有"米芾墓"三个大字。墓前石碑刻当代书法家启功书写的碑文，中刻："宋礼部员外郎米芾元章之墓"，两边刻"1987年春日重修""曼殊后学启功敬题"。米芾与苏轼、黄庭坚、蔡襄合称为"北宋四大家"。

米芾墓1982年被公布为镇江市文物保护单位。

米芾墓牌坊

石马

杨一清墓

杨一清墓位于镇江市润州区蒋乔乡芦湾村。原墓向西南，墓道长近一里，两侧有翁仲、石狮、石马及龟趺相峙而立，并有三门四柱冲天式石牌坊和石拱桥，今牌坊和石桥已毁。现存石马、墓道、龟趺。杨一清（1454—1530），最高任职为明朝首辅，后遭人诬陷，去官回乡，著有《石淙类稿》存世。

杨一清墓 1987 年被公布为镇江市文物保护单位。

墓地远眺

葛洪炼丹井

　　葛洪炼丹井位于句容市华阳南路延伸段与建设路延伸段交汇点的西南侧。据《弘治句容县志》记载："青元乃邑之道院，内有石井，泉水清冽。相传葛稚川（葛洪）于此炼丹饮之，可以益寿，故曰青元丹井。"此井曾一度被誉为容山八井之一，唐代任蕃《葛仙井》诗云："古井碧沉沉，分明见百味。味甘传邑内，脉冷应山心。园入月轮净，直涵峰影深。"明代王韶《青元丹井》诗曰："洞天迥寂无尘埃，仙翁凿井连瑶台。碧梧叶蓉秋屡易，红桃花发春几回。金丹炼就光射日，玉液泻来香满怀。何当一服生羽翰，遨游八极登蓬莱。"井上有石井圈，呈六角形，高 0.4 米，直径 0.48 米，上刻"丹井""灵雨仙泉""道光乙未"等字样。

　　葛洪炼丹井 1999 年被公布为镇江市文物保护单位。

葛洪炼丹井

梦溪园

梦溪园正门

梦溪园院落

梦溪园位于镇江市区梦溪园巷 21 号，是北宋科学家、政治家沈括晚年在镇江的住宅。沈括在此完成了不朽的著作《梦溪笔谈》，还写了《梦溪忘怀录》《良方》《茶论》以及一些诗歌散文等，为后人留下了十分丰富的精神财富。

沈括（1031—1095），杭州人，自幼好学，钻研学术，嘉祐中进士，神宗时积极推进王安石变法，是一位进步的政治家，官至翰林学士。沈括 30 岁时常梦见一风景秀美之地，"心中乐之，因欲谋居"。后来他托人在镇江买了一块园地。几年后沈括路过镇江，见其地，不禁又惊又喜，觉得宛若梦中所游之地，于是遂举家移居于此，建草舍，筑小轩，将门前小溪命名为"梦溪"，庭院命名为"梦溪园"。沈括卜居于此 8 年，死后归葬于杭州。后梦溪园数易其主，原貌早已荡然无存。

1985 年镇江市政府在原址上初步修复了梦溪园。2010—2011 年，镇江市文物局对梦溪园进行了一期扩建和周边环境整治。

梦溪园 1985 年被公布为镇江市文物保护单位。

梦溪园院落风貌

紫金泉

井栏铭文

紫金泉位于镇江市区解放路大市口广场西侧人行道旁。泉栏为等边六角形，底部边长各 0.38 米，口沿边长 0.32 米。泉栏东北面上阴刻双勾线，内纵刻两行楷书"至正十年岁次庚寅仲春良日里巷里正卿置"，相传为元代书法家赵孟頫题写。泉石碑正面刻有"紫金泉"三个大字，为万历二十六年（1598）丹徒知县庞时雍题写。

紫金泉 1987 年被公布为镇江市文物保护单位。

紫金泉风貌

古泮泉

　　古泮泉位于镇江市区东门坡，至今已有1000多年的历史，是镇江城内的一口著名古井。地面有花岗岩长条石，上有井栏一对，其下共一井穴。两井栏相距0.1米，呈南北向并列。井东建半亭，飞檐立柱。占地约15平方米，井西有一方高1.64米、宽0.65米的碑石，刻有"古泮泉"三字和记载建井始末的154个小楷字，为万历年间丹徒知县庞时雍撰书。古泮之名，来源久远，早在西周时，诸侯之学，即有泮官。科举时代称生员入学为入泮。学宫内（府学、县学）的泉、井，多以泮为名。

　　古泮泉1987年被公布为镇江市文物保护单位。

法事活动

寺庙藏经楼

嘉山寺

　　嘉山寺位于丹阳市后巷镇建山村，又名龙庆寺。该寺始建于北宋时期，明宣德年间重修，至明万历年加建。原寺庙规模宏大，现仅存二进，朝向东南，第一进为天王殿，五开间，面阔22米，进深九檩13米，抬梁硬山式砖木结构；第二进大雄宝殿五开间，进深九檩15米，柱梁粗大。另寺庙东侧有石记碑一块，碑记载明万历二十六年（1598）重建嘉山寺。嘉山寺是丹阳唯一保存较完整的明代佛教寺庙，对研究明代丹阳地区宗教建筑风格、布局、技艺有较高的价值。

　　嘉山寺2007年被公布为镇江市文物保护单位。

嘉山寺正门

僧伽塔

　　僧伽塔位于镇江市区东南的运河之畔、鼎石山之巅，今宝塔山公园内。该塔始建于唐代，原在苏北洪泽湖南岸的泗州城。南宋绍兴年间，因避战乱，僧人奉僧伽像来到镇江，于寿丘山县学内建造了僧伽塔。明万历间县学儒士倡议将此塔迁至今址。塔高32米，七级八面，密檐疏层，青砖叠砌，壁厚1米，每层方形，交错而上，塔顶呈伞形，塔轮直指云天。塔地处漕运要津，昔日舟楫过往，遥见该塔，知将通过南水关出入镇江府城，该塔成为镇江城市的坐标。鼎石山南麓，因建有抗击"安禄山之乱"的唐代名将张巡的纪念庙宇——都天庙，因此民间又称僧伽塔为都天庙宝塔。清光绪中叶，塔遭火劫，木质楼梯、楼板和木构件全部被焚，塔顶全部坍塌，塔身仍巍然耸立山巅。1981年修复，并以塔为主建造宝塔山公园。

　　僧伽塔1982年被公布为镇江市文物保护单位。

僧伽塔全景

僧伽塔塔身

绍隆禅寺大殿

绍隆禅寺大殿

绍隆禅寺大殿位于镇江新区五峰山南麓。寺始建于唐朝宝历元年（825），曾多经兴毁，现建筑为清代重建。大殿佛堂内有一块土地，约1平方米，隆出地面，当地人称为龙舌。奇怪的是这块地铲平后又会慢慢隆起高如原状，以后不再增长，堪称奇观，现在仍未作出科学解释。绍隆禅寺面积837亩，建筑面积6979平方米，有210间房屋。主要建筑有天王殿、法华殿、藏经阁、念佛堂等。绍隆禅寺曾是金山寺的下院，金山寺年老体弱的和尚移居此寺安度晚年，所以寺院旁有高僧逝世后建的塔林40多座，还有《红楼梦》作者曹雪芹的祖父曹寅写的碑、千年古血株树、明代石狮、大钟等一批珍贵文物。

绍隆禅寺大殿2004年被公布为镇江市文物保护单位。

绍隆禅寺大殿雪景

解家祠堂正厅

解家祠堂正厅位于镇江新区丁岗葛村。祠堂建于明崇祯年间，原为三开间，前后三进，现存正厅为楠木梁架，保存完好。解氏原籍山东葛村，后迁至丁岗，为纪念原山东葛村，故将现居住地名改为葛村。这对研究镇江东乡的移民史有重大价值。2005 年以来，乡人募资重修，恢复了正厅本来风貌。

解家祠堂正厅 2007 年被公布为镇江市文物保护单位。

解氏宗祠正厅梁架

解氏宗祠庭院

解氏宗祠大门

大路崇贤里王氏宗祠

正厅卷棚

二进门楼

正厅梁架

王氏宗祠位于镇江新区大路镇王巷里村。整个建筑坐西朝东，建于明崇祯年间，具有明末清初风格。现存共三进，占地约1600平方米。第一进为门厅，第二进为严礼堂，最后为享堂，结构完整，砖木石雕工艺精湛。

大路崇贤里王氏宗祠2007年被公布为镇江市文物保护单位。

王氏宗祠远眺

江河交汇

万寿台

茅山三天门

　　三天门位于句容市茅山风景区元符万宁宫万寿台上。创建于南宋孝宗乾道年间，原为"金箓道场"拜章上表之圣地，明清两代多有修葺。

　　三天门高6米，宽2米，门头以上共有4层石雕：一层为二龙戏珠浮雕，二层为石刻三天门横额，三层为五只姿态各异的仙鹤浮雕，四层为梁、檐、脊俱全的石雕门顶。两旁石柱高达6.5米，共分5级，一级方形门柱，边长0.48米，高3.4米；二级立体盘龙柱，高1.5米；三级立体太极石墩，高0.4米；四级莲花石座，高0.4米；五级为两石柱顶巅一对高0.8米、左右相对而视的雄雌坐狮。门之正面横额上刻"三天门"三字，为明嘉靖年间所刻，两侧石柱石刻对联"仙乐彻九霄，祝一人之有庆；天香招五鹤，祈四海之同春"。门之背面横额上刻"万寿台"三字，左右石柱石刻对联为："翠巘捧仙台华阳真气，丹崖飞绀殿河上玄风。"整个石坊建筑浑然一体，雕工精细，古朴大方，是茅山留存下来的重要道教建筑物之一。

　　茅山三天门2007年被公布为镇江市文物保护单位。

三天门全貌

三天门石雕

万善塔

万善塔位于丹阳市城区万善公园内，原名万寿塔，又称三叉阁、城霞阁塔。始建于明崇祯十年（1637）。塔高47.64米，为砖木结构，平面呈八角形。塔身腰檐由数层砖平斜叠砌，下出木椽，斗拱承托组成，塔层砖壁由下而上逐渐向内收进，各层均有外廊，内有扶梯按层折上，铁制塔刹，覆钵形刹座上承露盆，并铸造莲瓣纹，上加相轮七道，塔刹柱贯穿其中，顶置铜宝瓶。宝瓶上铭文书"镇江府丹阳县万善塔大明崇祯十年仲春吉日造"。

万善塔2007年被公布为镇江市文物保护单位。

万善塔全景

敦睦堂

　　敦睦堂位于镇江新区儒里镇百乐夹沟村。始建于明宣德年间，时称"百忍堂"，明正统年间迁移重建更名为"敦睦堂"，总建筑面积1300平方米。前后三进，整体布局前低后高。门额上有保存完整精美的砖雕，中、后堂为楠木结构，是镇江东乡祠堂建筑较为精美的一处。

　　敦睦堂2004年被公布为镇江市文物保护单位。

敦睦堂正厅

大照壁砖雕

敦睦堂大门

萧氏宗祠

正门

院落

萧氏宗祠位于丹阳市访仙镇萧家村。西晋末，丹阳萧姓始祖齐高帝萧道成的高祖父萧整由山东迁入丹阳，从此留有了丹阳萧氏。丹阳萧氏因出了齐梁两代的皇帝而声名显赫。萧氏宗祠今存房屋两进，均面阔 21 米，进深九檩 12 米，砖木结构，为清代遗存。2010 年进行落架大修。该祠堂对研究丹阳明、清时期祠堂建筑的布局、工艺以及丹阳萧氏的族源研究有较高的价值。

萧氏宗祠 2007 年被公布为镇江市文物保护单位。

萧氏宗祠全景

超岸寺

　　超岸寺位于镇江市区新河路。旧名玉山报恩寺，始建于元至大三年（1310），晚清更名为超岸寺，咸丰三年（1853）毁于战火，自光绪十七年（1891）陆续复建，历经 20 余年始复旧观。寺前有山门墙，建于咸丰年间，有拱形门，门下两旁有依门石鼓，上有雕饰，门上有磨砖浮雕等。天王殿建于宣统二年（1910），门额石刻"大总持门"系陆润庠书。大雄宝殿建于光绪十八年（1892），楼下有卷棚，上有月梁，雕饰山水、人物等，为硬山式顶。偏殿在大殿与天王殿北侧，硬山式顶，原为水路堂、五观堂、客堂等，建于光绪三十一年（1905）。超岸寺占地面积约 3000 平方米，有房屋 24 间。该寺当水路要冲，成为金山寺下院，故在丛林中一时称盛。

　　超岸寺 1982 年被公布为镇江市文物保护单位。

超岸寺山门

天下第一泉

　　天下第一泉位于镇江市区金山之西，又名中泠泉。泉水四周有白石栏杆，泉池呈正方形，边长约10米，池南壁刻"天下第一泉"为清代镇江知府王仁堪所书。泉水原与金山同在江中，清咸丰、同治年间登陆。泉水在江中时，江水从西流来，受到石簰山和鹘山的阻挡，水势曲折转流，成为南泠、中泠、北泠，而泉水的位置就在中间一个水曲之中，故名曰"中泠泉"。此泉在唐代已天下闻名，唐代名士刘伯刍分全国水为七等，把中泠泉列为第一，从此中泠泉被誉为"天下第一泉"。池南有一座八角亭，名曰"鉴亭"，取以水为镜、以泉为鉴之意。池北建有两层楼房一座，楼上、下为茶楼，下层前壁左侧有一方书有"中泠泉"三字的石刻，为常镇通海兵备道沈秉成于同治八年（1869）所书，右侧为同治十年（1871）沈秉成撰《中泠泉记》和同治十一年（1872）陈兆雄所书《中泠泉辨》两块石碑。

　　天下第一泉1982年被公布为镇江市文物保护单位。

城隍庙戏台

城隍庙戏台位于镇江市区凤凰岭饭店内。戏台为砖木结构楼式。后台为硬山顶式，面阔 3 间 16.6 米，高 8.6 米，进深 6.6 米，朝北两极檐口嵌有浮雕式水磨砖。前台为歇山顶式，面阔 3.9 米，高 8.9 米，进深 5.4 米，下层为前殿的明间，敞为通道，雕有牡丹、万年青、"寿"字、如意等饰纹。

该戏台创建于宋代，屡有兴废，清咸丰三年（1853）毁于战火。同治十二年（1873）由丹徒知县何绍章支持，将大殿及戏台同时重建。过去，每年春秋和农历十月初一，当地人都会在此举行庙会。平时乡绅名士常在此会聚，并邀请戏班在此演戏。

城隍庙戏台 1982 年被公布为镇江市文物保护单位。

城隍庙戏台风貌

虎跑泉

读书台（一）

读书台（二）

听鹂山房

招隐寺

（读书台、听鹂山房、虎跑泉）

　　招隐寺（读书台、听鹂山房、虎跑泉）位于镇江市区以南约 3.5 公里处的兽窟山。招隐寺始建于南朝宋景元元年（423），后几经兴废。听鹂山房为戴颙生前"听鹂整弦"之所，1981 年重建。读书台面阔 3 间 12 米，单檐歇山顶，四面有回廊。读书台和增华阁是南朝梁昭明太子萧统编著《昭明文选》的地方。虎跑泉，泉池成四方形，边长 3 米，为东晋法安禅师所建。相传昭明太子来此读书，寻找水源，突然一猛虎随风而至，用前爪猛刨山洼，留下洞眼一个。虎走后，洞中流出潺潺泉水，太子掬水尝之，清凉香甜，故名"虎跑泉"，昭明太子将其作为他在招隐寺编书时的生活用水。读书台、听鹂山房、虎跑泉大都源于六朝戴颙和萧统的事迹，后人为了怀念这两位千古流芳的名士，在入山处立招隐牌坊，石柱上刻有很多名诗佳作。

　　招隐寺（读书台、听鹂山房、虎跑泉）1982 年被公布为镇江市文物保护单位。

江河交汇

火星庙戏台

（含两廊看台）

　　火星庙戏台位于镇江市区镇江穆源民族学校内。现建筑为同治初年复建。戏台分为上、下两层，东、西、南三面檐椽交叠伸出1米，东、西两角高翘，上有如意云纹带缠蝙蝠、银锭及"文王求贤"、琴棋书画、福禄寿等图案，两边看廊栏杆上有水纹饰浮雕砖，夹中为一大天井场地。戏台前台向前凸出，歇山式，三面有木方板，雕有纹饰，后台三间，屋脊嵌古"寿"字砖；后台两端与高廊看台相连融为一体，高廊看台为雅座，中央场地为一般市民看戏之处。清代逢庙会致祭演戏，这里为市民汇集之地。火星庙供奉祆神。祆教出自西域，是波斯之拜火教，南北朝时传入中国。镇江供奉的祆神为阏伯，是古代管理火神的有功之臣，被尊为火神。古人往往在庙中研究天文、观察火星（商星），故称火星庙。庙内设有戏台。目前，全国祆教建筑仅存于镇江、西安两处。

　　火星庙戏台（含两廊看台）1982年被公布为镇江市文物保护单位。

火星庙戏台全貌

唐老一正斋药店旧址

　　唐老一正斋药店旧址位于镇江市区大市口东侧。这是一家建于清康熙元年（1662）的老药铺，现存建筑有老字号商店的传统特色。店铺为二层楼，楼下是店面，楼高约5米，宽3米。石库门两边以长条石为基，上铺水磨青砖墙面，两侧圆形白石柱，上下端雕刻卷花纹饰。门楼上下有石刻，下方是"起首一正斋唐家老店，工商部注册万应灵膏"；上方为"一心本一德治病救人，正人先正己一丝不苟"，门楼的上方中央有膏药模型。

　　唐老一正斋药店旧址1982年被公布为镇江市文物保护单位。

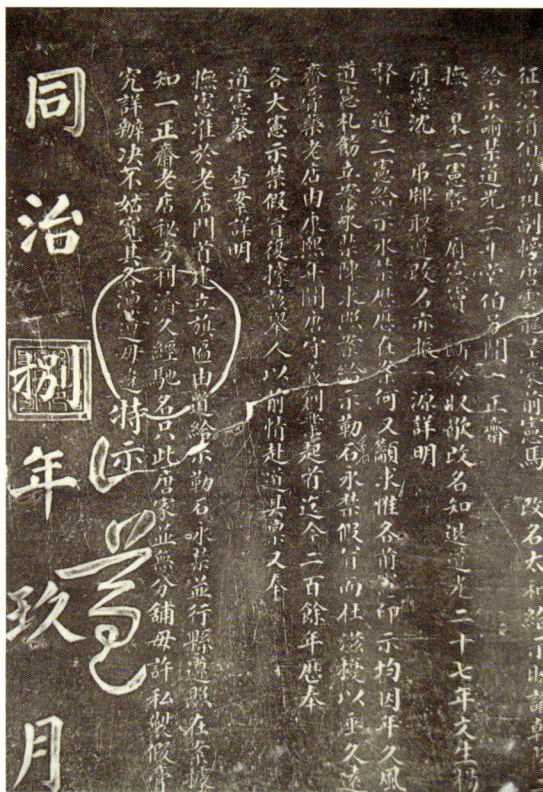

同治年间禁假碑

唐老一正斋门楼

福音堂

福音堂位于镇江市区大西路343号。始建于1884年，由美国基督教美以美会传教士郎登所建。教堂砖木结构，青砖叠砌，尖拱门窗，双坡瓦楞铁皮顶，正立面山墙脊顶高悬一十字架。教堂占地面积约200平方米，墙角有碑一方，刻"耶稣诞生一千八百八十九年""美以美会"等字样。教堂之南有红、青砖叠砌的三层楼房，门额石刻"崇德学校"，墙角有一碑刻"1918年"字样。该建筑坐南朝北，面阔11米，进深5间19米，正位上挂十字架，堂前居中有尖型照壁，壁后有过廊。东面设门，由门折入向南，正面入口处两侧各竖木柱一根，与两壁柱形成八字支托楼座。南面向外披出，进深2.8米，披出处两侧各一间住房，中间建成半拱圆形，向前凸出成讲坛。

福音堂1982年被公布为镇江市文物保护单位。

福音堂风貌

福音堂雪景

太平天国新城遗址

太平天国新城遗址位于镇江市区小营盘。1853年，太平军占领镇江，在旧城的西北沿江筑新城，从十三门起，经北固山沿江向西至运河入江口，再沿运河向南，到现在的老西门桥为止，长6里多。该城至光绪末年方基本拆除。今残存一段，长约40米，高约为2米，东西向，系用不太规则的大小条石砌成，内夹杂乱砖石等。城墙南侧为清军扎营处，为清军水师标统署衙门。

太平天国新城遗址1987年被公布为镇江市文物保护单位。

镇江物质文化遗产文物保护单位图录

江河交汇

太平天国新城城墙遗址

老存仁堂药店

老存仁堂药店位于镇江市区大西路 476 号。该店由浙江余姚大族许氏创于同治年间，初名为"诚仁堂施药店"。现店堂前后房屋共三进，店面刻有"老存仁堂"四个大字，上涂金粉，熠熠生辉。该店现仍在经营。

老存仁堂药店 1993 年被公布为镇江市文物保护单位。

老存仁堂药店

殷氏六房砖雕门楼

殷家祠堂及殷氏六房旧宅

殷氏六房内通道

殷家祠堂及殷氏六房旧宅位于镇江市丹徒区黄墟镇。殷家祠堂有正厅与后堂两进，中间为小天井，正厅与后堂均为三开间。前有观仪台，四边有云柱栏杆。整个建筑保存完好，现为黄墟小学图书馆。殷氏六房旧宅位于黄墟小学东侧，石门内有一座清雍正年间按八卦坤六段图设计的建筑，占地面积约2400平方米，是当年巨商殷霹雳的六弟所建。殷氏六房旧宅分为两部分，由一条长100多米的弄堂隔开，东边四进和西边六进是住房，每进3间，进进连通，各有天井、花园，自成院落。令人称奇的是旧宅没有正大门，仅有两个边门供人进出。东边大厅和天井的门壁上方是整座壁雕，工艺讲究，做工精细，具有很高的艺术价值。

殷家祠堂及殷氏六房旧宅2004年被公布为镇江市文物保护单位。

殷家祠堂

凌家祠堂及道署衙门围墙券门碑刻

凌家祠堂及道署衙门围墙券门碑刻位于镇江市区道署街 22 号。大颜料商凌焕曾于 1919 年左右用原应交而未交给德国的贷款（因德国战败）购买了原道署衙门东侧部分地方，并在其东建了祠堂。现存雕花砖门楼、主祠、厅廊一幢，花园一座。券门碑刻、围墙由凌氏购买南京城墙砖砌成。

凌家祠堂及道署衙门围墙券门碑刻 2007 年被公布为镇江市文物保护单位。

凌家祠堂门楼

凌家祠堂鸟瞰

姚桥镇张家老宅

二进砖雕门楼

张家老宅位于镇江新区姚桥镇华山村张家自然村。张家老宅由李鸿章的管家张麒麟建于清同治年间，前后三进，现留有正房、厢房等房屋12间，内设花园，占地约2000平方米。整个建筑呈"门"字形，结构保存完整。

姚桥镇张家老宅2007年被公布为镇江市文物保护单位。

张家老宅全貌

江河交汇

殷家祠堂正厅

殷家祠堂正厅位于镇江新区丁岗留村。初创于明洪武年间，清康熙年间改建至现址，咸丰初复修。现存建筑为清同治年间重修，殷家祠堂正厅名伦叙堂，前设双卷棚，梁木雕花精致。2004 年乡人募资重修，恢复了本来风貌。

殷家祠堂正厅 2007 年被公布为镇江市文物保护单位。

殷家祠堂正厅

殷家祠堂院落

殷家祠堂正门

桥面石刻

斩龙桥

斩龙桥位于句容市春城镇太子岗村南。始建于明代洪武年间，又称赞龙桥，东西向跨袁相河，现所存桥体建于清代光绪三十三年（1907），为单孔石拱桥，青石质。桥全长 16.5 米，桥面宽 7.4 米，净跨 6.8 米，矢高 3.6 米。桥体基本保存完整，桥面阶石完好，中间车辙印痕深达 5 厘米，桥拱上方两侧塑有对称的 4 个龙头装饰，桥面两侧栏杆已损。斩龙桥所在地为古破岗渎旧址，在古代交通中有重要的作用。相传明朝初年，刘伯温帮朱元璋破除全国之龙脉来到这里，发现此地龙气很盛，遂拔剑刺向桥所在之地，以斩断龙脉，后在此建桥起名斩龙桥。

斩龙桥 2007 年被公布为镇江市文物保护单位。

斩龙桥风貌

芦江桥

芦江桥位于句容市后白镇淮源村中。始建于南宋年间，又称芦岗桥，南北向跨秦淮中河，西通赤山湖，现所存桥体建于清代光绪十三年（1887）。桥为三孔石拱桥，青石质。全长 29 米，桥面宽 4.7 米，桥孔净跨分别为 6.4 米、7.5 米、6.4 米，中孔矢高 3 米。桥体基本保存完整，桥面阶石部分不存，桥拱上方两侧对称的 4 个龙头装饰今仅剩 2 个，桥面两侧栏杆已损。

芦江桥 2007 年被公布为镇江市文物保护单位。

芦江桥倒影

务本堂

务本堂正门

务本堂位于丹阳市埤城镇城南村老街，为清代官宦王玉石私宅。建于清代中期，三进三院。第一进五开间，七檩进深；第二进为明间大厅，面阔21米，进深10.4米，有门楼，砖雕、石雕精美，房内方形水磨砖地面，抬梁式柱梁结构粗大宏伟，有卷棚廊轩结构，木雕精美；第三进五开间，七檩进深，上下两层。

务本堂2007年被公布为镇江市文物保护单位。

务本堂正门内侧砖雕

院墙砖雕

西长安里民居建筑群

　　西长安里民居建筑群位于镇江市区西津渡街内。该建筑群是由40多幢三合院组合而成的一座大宅院，为镇江人徐宽宏创建。整个院落没有高墙深院，以房屋连接组合而成封闭格局。临小码头街通道巷口两屋之间设有过街楼，楼上住人，楼下为通道，两侧房宇连成一体。东西向三条支巷，均在西端设太平门，遇紧急情况随时开通，便于及时疏散。整个建筑群分布有序，主次分明，是镇江清末民初民居建筑中的典范。

　　西长安里民居建筑群2007年被公布为镇江市文物保护单位。

西长安里牌楼

沸井

沸井位于丹阳市延陵九里村。据史书记载，九里季子庙前有井百口，多数埋废。现仅存沸井6口，2000年开发季子庙景区时，重新在原井处清理恢复，每口井相距尺许，其涌泉三清三浊，四季涌泉不止。井水有酸、甜、苦、辣、咸、淡6种味道，堪称"天下奇观"。每口井栏名各不相同，均青石质地，形制不一，保存较好。 沸井是丹阳地区有记载的历史最长的古井，而且三清三浊，两千年不变，具有较高的历史、科学价值。

沸井2007年被公布为镇江市文物保护单位。

沸井全貌

"天下第一江山"石刻

　　"天下第一江山"石刻嵌于镇江市北固山甘露寺山门前东侧长廊墙壁上。南朝梁大同十年（544）三月，梁武帝游北固山即兴赐书"天下第一江山"六个大字，后遗失。宋朝淮东总管、书法家吴琚重新书写，刻石嵌于壁上，后不知去向。清康熙四年（1665），镇江府通判程康庄临摹吴琚手迹，并刻石。1967年，石刻中"一江山"三字遭破损，1987年修复。石刻青石质地，长4米，高1米。

　　"天下第一江山"石刻1987年被公布为镇江市文物保护单位。

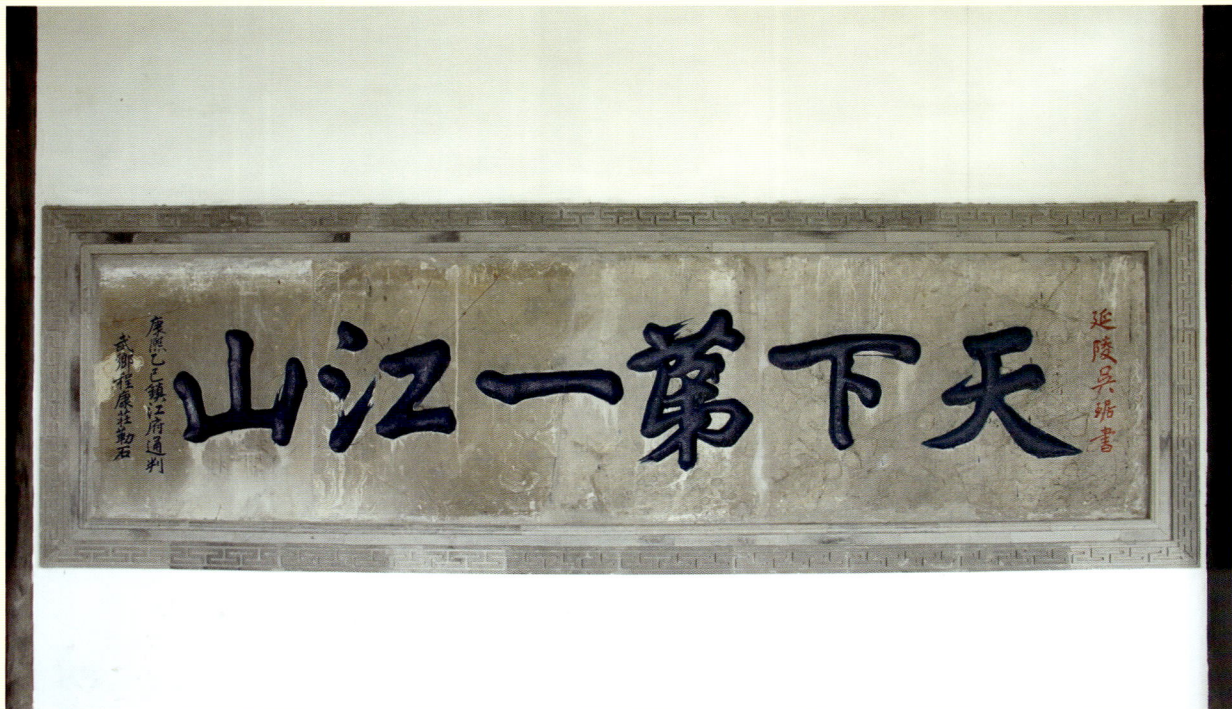

"天下第一江山"石刻

节孝祠碑刻

节孝祠碑刻风貌

节孝祠碑刻位于镇江市区宝盖路244号镇江穆源民族学校西北外墙上。节孝祠清雍正元年（1723）始建于银山之麓，后建于今址，同治九年（1870）落成。今祠堂及牌坊已不存，镇江穆源民族学校院墙上嵌有碑石30多块。每一碑上刻一节孝妇，记载孝女姓氏及旌表的时间，字多楷书、阴刻。

节孝祠碑刻1993年被公布为镇江市文物保护单位。

节孝祠碑刻局部

焦山顶快炮台

　　焦山顶快炮台位于镇江市焦山峰顶，原有 2 个炮台，一在西峰，一在东峰。西峰炮台建于光绪二十六年（1900），今已毁。东峰炮台是 1930 年为加强江防设施而建，由军政府发运大炮 8 门，4 门装配在合山，2 门安置于长江北岸的都天庙炮台，另 2 门安装在焦山的东峰。炮台为钢混结构，呈圆形，低于山地，内径 6 米，掩护墙高 1 米，前半圆厚达 0.6 米，内壁设有 12 孔弹龛，半圆厚度逐渐减薄。炮台后设道口出入，与掩蔽体堑壕相通，南侧设有 2 米高的地营式子药库。

　　焦山顶快炮台 1982 年被公布为镇江市文物保护单位。

焦山顶快炮台风貌

亚细亚火油公司旧址

亚细亚火油公司旧址位于镇江市区长江路南、迎江路西侧。旧址为二层西式楼房，高近 10 米，占地 400 多平方米。大门朝北，入内有券门两道，左有小门，通向地下室。1864 年英国人来镇江通商，建立英国亚细亚火油公司镇江支公司。英人将火油从上海中转到镇江，然后销往大江南北各城市。该建筑现为镇江民间艺术馆使用。

亚细亚火油公司旧址 1982 年被公布为镇江市文物保护单位。

亚细亚火油公司旧址风貌

德士古火油公司旧址

德士古火油公司旧址位于镇江市区西津渡街税务司公馆西侧。房屋为砖木结构西式二层楼，坐西朝东，面阔3间14.5米，进深8米多，楼高约9米。德士古火油公司旧址原位于钛白粉厂大门东侧，1999年镇江市实施长江路拓宽改造一期工程时对该旧址实施迁移保护，2009年异地恢复于西津渡街区。

德士古火油公司旧址1982年被公布为镇江市文物保护单位。

德士古火油公司旧址北立面

德士古火油公司旧址风貌

税务司公馆旧址

税务司公馆旧址位于镇江市长江路前进印刷厂内。该建筑为砖木结构二层西式楼房，南面楼上有小阳台，楼下中部南北各有对称券拱大门，有玻璃窗瞭望北面大江，可以监视船舶往来。整座楼房基本保存完整，占地面积约 300 余平方米。

咸丰八年（1858），镇江被辟为通商口岸，同治四年（1865）设镇江关署。东自南通狼山，西到南京江面轮船归镇江关税务司稽查，中国产品出口或外国货物入关除缴纳 50% 税外，要再缴 2.5%的子口税。美、英商人以镇江为立足点，向沿江和内地销售外国货物。1912 年，南京临时政府成立，镇江关由中国自己管理。

税务司公馆旧址 1982 年被公布为镇江市文物保护单位。

税务司公馆旧址风貌

合山快炮台遗址

　　合山快炮台遗址位于镇江市区东合山顶峰上，面对长江。炮台一组4座，呈南北偏东向并列。全长近90米，每座间隔27米，均为圆形明台式。每座炮台直径约6米，内壁有15个炮弹龛。台后有台阶，设地营式弹药库。该炮台是镇江至今保存较完好、规模较大的江防工事之一。2013年实施维修与环境整治。

　　合山快炮台遗址1992年被公布为镇江市文物保护单位。

合山快炮台壕沟

合山快炮台遗址全貌

伯先路近代建筑群

世界红卍字会江苏省会旧址

老邮政局旧址

伯先路近代建筑群位于镇江市伯先路至京畿岭沿街。街旁建筑形式多样，有仿欧洲古典式建筑、西方教会式建筑、中西合璧式建筑、中国传统古典民居建筑等，现有蒋怀仁医院、屠家骅公馆、镇江老邮政局、世界红卍字会江苏省会旧址等保存较好。昔时该路由江边码头途经银山门，经英国领事馆由北向西南，至伯先路越京畿岭，达沪宁铁路镇江西火车站，为镇江重要的交通要道。

伯先路近代建筑群1992年被公布为镇江市文物保护单位。

吉庆里古民居

蒋怀仁医院旧址

屠家骅公馆

美孚火油公司旧址

美孚火油公司旧址位于镇江市区迎江路东侧。该公司是美国洛克菲勒石油垄断集团于光绪年间在镇江设立的支公司，是当时镇江最大的一家火油公司。该公司主营火油，兼营汽油、沥青、机器油、润滑油、白蜡、矿烛等。该建筑为西式三层楼房，占地面积约328平方米。整座楼平面为曲尺型，高度约为14米。正楼南北向，面西，长约29米，宽11米；裙楼呈东西向，长约9米，宽11米，面北。每层隔间有突出的通天柱突出墙面，墙以红砖叠砌。顶为平顶式，四周设栏杆。

美孚火油公司旧址1992年被公布为镇江市文物保护单位。

美孚火油公司旧址风貌

近代江防工事弹药库（象山）

镇江近代江防工事遗址

　　镇江近代江防工事遗址位于镇江市区焦山、金山、北固山及象山。有洋务运动时期张之洞修筑的新式炮台，有民国时期的快炮台和碉堡以及解放战争时期国民党军队修筑的江防工事。目前遗存碉堡9座，分别在：象山西峰至高点悬崖处1座、焦山顶北部和西北巨公崖西悬崖处5座、北固山后峰2座、金山西北角1座。这些碉堡已成为历史的遗迹，是近代镇江作为江防要地的见证。

　　镇江近代江防工事遗址1999年被公布为镇江市文物保护单位。

近代江防工事遗址（北固山）

伯先公园

赵伯先铜像

伯先公园位于镇江市区云台山。1926 年，为纪念辛亥革命先烈赵声（伯先），冷御秋等发起建造公园，由陈植教授设计，于 1931 年落成。公园占地约 120 亩，园门右门柱上嵌有 1979 年宋庆龄题写的"伯先公园"四字，左门柱上嵌有田桓先生在辛亥革命 70 周年前夕撰写的"伯先传略"刻石。入园台阶之上的平地正中是赵伯先的全身站立铜像，铜像安放在 3.5 米高的花岗岩台座之上。在园门两侧的高台上，建有相对称的房屋。在铜像两旁山麓平台上，各有一屋，两侧各有小径，与山道相通进入后山。山上有"五卅"演讲厅、绍宗国学藏书楼。山巅原有伯先祠，1967 年拆毁，现已修复。

伯先公园 1982 年被公布为镇江市文物保护单位。

伯先公园鸟瞰

崇实女中旧址

崇实女中旧址大门

办公楼

宿舍楼

医院楼

崇实女中旧址位于镇江市第二中学内，占地约40余亩。该校由美国基督教美以美会诺冰心女士与贺路绥医师创办。1911年辛亥革命后，名私立崇实女子学校。1929年学校呈请改名，1931年6月，私立崇实女中经省教育厅批准立案，设初、高中共6个班。1937年抗战开始后停办。现保留建筑6幢，包括原学生宿舍楼，坐北朝南，呈"E"字形，楼房为三层，有地下室，建于1924年。"E"是西方复活节英文的第一个字母，呈"E"字形是为了纪念复活节。原基督教妇幼医院楼，坐北朝南，三层券廊式楼房，建于1914年，现为镇江市第二中学图书馆和赛珍珠纪念馆。校长办公楼为二层小楼，东面墙呈菱形，朝南立面为大门楼。职工宿舍楼位于校园南部，为3幢小二层楼，原为牧师住所。上述建筑保存完好。

崇实女中旧址1987年被公布为镇江市文物保护单位。

箴庐

　　箴庐位于镇江市区健康路 4 号。该建筑是为纪念镇江女子蚕桑职业学校的创办人之一唐儒箴而建，为西式二层别墅小楼。20 世纪 20 年代，镇江受五四运动影响，提倡女子解放，男女平等，推广新文化。唐儒箴捐地创办女子学校，作为桑蚕科养蚕实习桑园，招收初级蚕桑科女生两班，学制 3 年。到抗战开始，毕业 10 个班，计 324 名学员，后来都成为我国蚕桑事业发展的骨干。1937 年日寇入侵镇江，学校停办。

　　箴庐 1993 年被公布为镇江市文物保护单位。

箴庐风貌

张鹏故居凉亭

张鹏故居

张鹏故居位于镇江第四人民医院内，为同盟会会员张鹏的故居。住宅坐北朝南，占地约6亩。为两层砖木结构中西合璧式楼房，平面呈"凹"字型，由两组三合院房屋组成，进深20米，面阔35米。整个建筑青砖叠砌，红砖装饰，四坡水、平瓦屋面，配套讲究，建筑规整；西侧二楼凸出一四方凉亭，可观赏四周景色，又能纳凉。抗战期间曾被汪伪官员占用。2005年实施维修。

张鹏故居2007年被公布为镇江市文物保护单位。

张鹏故居全景

春顺园包子店旧址

　　春顺园包子店旧址位于镇江市区小码头 161 ～ 169 号。该店建于民国初年，现存门面、厅堂，结构完整，楼上设书场，富有特色。该建筑为此街道上较为有名的店铺，也是观音洞一条街建筑群中的组成部分。

　　春顺园包子店旧址 2007 年被公布为镇江市文物保护单位。

春顺园包子店旧址风貌

刘景韶旧居

刘景韶旧居位于镇江市区永安路 30 号。民国建筑，平面呈"回"字形，占地约 1 亩。刘景韶，字琴子，原籍江苏建湖，古琴演奏家，师从"梅庵琴派"第二代著名琴家徐立孙。新中国成立后，曾在上海音乐学院教授古琴 20 年，1986 年成立镇江梦溪琴社，对古琴艺术的发展作出了突出贡献。

刘景韶旧居 2007 年被公布为镇江市文物保护单位。

刘景韶旧居风貌

交通银行旧址

交通银行旧址屋檐装饰

  交通银行旧址位于镇江市区迎江路东。该建筑为三层西式洋楼，青砖砌筑，外墙水泥抹面，内壁粉草灰泥，石灰粉面。楼面宽 20 米，进深 18 米，高 18 米，平顶，四周筑有 80 厘米的矮墙，外饰图案，简洁大方。1915 年正式对外营业。1949 年 4 月镇江解放后，交通银行被人民政府接管，经清理后复业。1983 年后并入建设银行镇江中心支行。

  交通银行旧址 2007 年被公布为镇江市文物保护单位。

交通银行旧址风貌

郭礼征旧居

郭礼征旧居东立面

郭礼征旧居第二进二楼

郭礼征旧居位于镇江市区迎江桥北、电力路西。旧居建于 1920 年之前，现存建筑前后两进，均为回廊式二层砖木结构楼房，五峰封火墙，西设楼梯；南面有砖砌花窗。整个建筑保存完好。2010 年实施维修。

郭礼征，安徽亳县人，近代民族资本家。光绪二十九年（1903）在镇江筹建大照电灯公司，光绪三十一年（1905）十月正式发电，1905 年取得清政府商部公司注册局颁发的执照，成为江苏省第一家民营电业公司（1923 年改名为大照电气公司）。

郭礼征旧居 2007 年被公布为镇江市文物保护单位。

基督医院

基督医院位于镇江市区镇江市第一人民医院内。基督医院原占地面积 16 亩多,有建筑 9 幢,主要有病房、门诊部、职工宿舍和院长室。现保留 4 幢,沿新马路 3 幢平面呈"山"字形,其中两幢为门诊楼,一幢为医务楼,其南一幢二层小楼为院长楼,呈正方形。各楼均保存完好,主楼基层为半地下室,走道两旁设左阶梯,右为滑坡和狭窄的级梯,便于病员输送。基督医院由美耶稣教长老会于 1922 年创建,现镇江市第一人民医院就是在此基础上发展起来的。美国前大使司徒雷登曾住在院长楼。

基督医院 1987 年被公布为镇江市文物保护单位。

办公楼

基督医院

中华三育研究社旧址

水塔

中华三育研究社旧址位于句容市下蜀镇桥头南京财经大学红山分院西北的两座小山上。1923 年，基督教安息日会在桥头购买了 750 亩山地，建造校舍，于 1925 年竣工，将上海的三育大学迁至该处，更名为中华三育研究社，后又名为中华三育学校。该校是安息日会的最高学府，办学目的是为安息日会培训人才。学生来自各方，亦有少量外国学生。其半工半读的办学方式及其成效引起国内外关注，宋美龄曾派人前往调研，还从其中借用人员至南京担任遗族学校的监事。1937 年抗日战争爆发，学校西迁，校舍遭毁。1948 年初，由美国华盛顿神学院院长李博克指导重建，1948 年秋建成，社长为美国人林思翰。1951 年，江阴农业技术学校迁至桥头镇，与该校合并成立为江苏省句容农业技术学校，现为南京财经大学红山分院。目前尚存有原中华三育研究社房屋 23 栋，红砖勾缝，木质门窗，中西合璧建筑风格。其中别墅 20 栋，教学楼、办公楼及水塔各一。

中华三育研究社旧址 2007 年被公布为镇江市文物保护单位。

会堂

别墅

王宗培烈士墓

  王宗培烈士墓位于镇江市区北固山中峰,南距中山纪念林塔 30 米。墓高 1 米,直径 3.6 米,墓前有白云石墓碑,上刻"王宗培烈士之墓"。王宗培,镇江西牌岗人,小学教员。1925 年上海"五卅"惨案发生后,他积极投身镇江的反帝爱国运动。鉴于对当局无能感到失望,为振兴民族精神,他于 1925 年 7 月 6 日投江自尽,并给镇江父老乡亲写下遗书,以唤醒民众一致抗日。这一举动掀起了镇江反帝斗争的又一浪高潮。

  王宗培烈士墓 1987 年被公布为镇江市文物保护单位。

王宗培烈士墓全貌

省庐

省庐位于镇江市区中山路京口饭店内。该楼为二层砖木结构别墅式楼房，坐南朝北，中西合璧形制。1929年2月原国民政府江苏省会迁至镇江，省庐为政府委员休息和召开会议之所，并作接待外事工作之地。新中国成立后改为镇江市人民政府招待所。

省庐1999年被公布为镇江市文物保护单位。

省庐风貌

中山纪念林塔

  中山纪念林塔位于北固山中峰。塔基为正方形，大理石混凝土结构，四周分别刻有总理遗训；塔高 3.56 米，四面都刻有"中山纪念林"5 个字。1930 年春天，镇江各界人士在革命先驱孙中山逝世 5 周年时，组织数万人种植了大片树木。为纪念这次植树活动，牢记中山先生关于植树造林的号召，特建造了中山纪念林塔，以志不忘。

  中山纪念林塔 1986 年被公布为镇江市文物保护单位。

中山纪念林塔全景

真道堂旧址

　　真道堂旧址位于镇江市区宝盖路 127 号，为基督教传教士王茂真于 1931 年建成。砖木结构，占地面积约 150 多平方米，屋顶采用大屋顶（歇山式），屋面盖小瓦，门窗皆依西方教堂尖拱形制，教堂大门左侧有石碑一方，上款刻"一九三一年"，落款刻"基督教会"等字样。教堂西边还有传教士住房，亦为中国民族形式大屋顶（歇山式）。该建筑是江苏省唯一保存至今的一座中西结合的小教堂。

　　真道堂旧址 1992 年被公布为镇江市文物保护单位。

真道堂旧址风貌

绍宗国学藏书楼

绍宗国学藏书楼位于镇江市区伯先公园山上。主楼坐北朝南，为西式二层楼房，中间顶部有阁楼。楼周为庭院，前有大门，门柱嵌有石刻"绍宗国学藏书楼""民国二十二年三月建立"，东面墙角嵌有"上海扬子建业公司设计及承建，中华民国二十一年二月"石刻。文宗阁被毁后，镇江有识之士有重建的愿望，"绍宗"即显示恢复文宗阁的意愿，由吴兆曾、丁传科、赵宗抃、冷御秋等筹办，于1933年建成。原有藏书达8万余册，是镇江近代尚存的较大的私人所创藏书楼。

绍宗国学藏书楼1992年被公布为镇江市文物保护单位。

绍宗国学藏书楼院落

绍宗国学藏书楼大门

王家花园

爱吾庐界石

夹弄

正厅双卷棚

　　王家花园位于镇江市京口区谏壁镇南月湖村，京杭大运河东岸。原名"爱吾庐"，俗称"王家花园"，为镇江籍金融家王耀宇的住宅。王家花园始建于1930年，落成于1933年，建筑面积3835平方米。花园与住宅并列3条中轴线，共79间房屋、4个花园、6间花房。中、东轴线之间有一条长43.8米、宽1.36米的夹弄。进大门向左进仪门即到对厅，由此间向北进入"燕誉堂"正厅。宅院内楼房17间6厢，其余为平房。花园内原有八角亭、假山竹园、荷花池及名贵花木等。王家花园全为砖木结构，设计周密，构造精巧，建筑讲究，其规模、质量、式样、气势、内部陈设、花园景点配置诸方面，堪称镇江市近代私家园林式住宅的代表作。

　　王家花园1999年被公布为镇江市文物保护单位。

王家花园远眺

厚角贾氏民居

　　贾氏民居位于镇江新区大港街道厚角村217、219号。该民居建于1933年左右，现存建筑前后三进，西侧为厢房，中为正厅名存德堂，第三进为二层楼房，建筑风格体现了镇江市东乡民居的特色。

　　厚角贾氏民居2007年被公布为镇江市文物保护单位。

正面

厚角贾氏民居全景

老气象台旧址

老气象台旧址位于镇江市区北固山中峰。老气象台坐北朝南，平面凸字形，占地约 160 平方米。主体二层，平顶；楼中间凸出为四层，显得高峻壮观。底层石刻有"中华民国二十三年十月七日江苏省建设厅北固山气象台奠基厅长沈百先""中华民国三十六年七月重修"字样。

老气象台旧址 1987 年被公布为镇江市文物保护单位。

老气象台旧址风貌

镇江自来水厂旧址

镇江自来水厂旧址位于镇江市区迎江路和长江路交叉口北侧江边。1924年始建,初名镇江第一救火会自来水厂,设备简陋,设于江边的取水口仅搭有一间芦席工棚,内置小马达,用木质小板凳垫高使用。当时专供救火消防用水。江苏省会迁至镇江后,于1934年4月,在洋浮桥小江边街临江处重建镇江自来水厂,占地11.36亩,为一座现代化的自来水厂,厂区内建有平流沉淀池、清水池、进水间和加矾间等。1937年,日本侵略者占领镇江,主要供驻镇日军及其家属用水,酌供镇江市茶水炉、旅馆、浴室所用,全城供水显著下降。抗战胜利后,自来水厂方恢复正常供水。现当年水厂设备已停止运作,仅剩出水间水泵房、办公楼和滤水间3座民国建筑,成为当年城市发展的见证。

镇江自来水厂旧址2004年被公布为镇江市文物保护单位。

自来水厂旧址(一)

自来水厂旧址(二)

大康新村

大康新村严惠宇宅

大康新村位于镇江市区健康路9号。原有3
幢建筑，分别是镇江知名人士严惠宇、李韧哉、
赵棣华3人于1935年建成，每人一幢两层楼房，
砖木结构，四坡水平瓦屋面。室内置有壁炉，冬
季可以取暖。院内花木扶疏，绿草如茵，富有西
洋别墅的情趣。今李韧哉一处不存。

大康新村2007年被公布为镇江市文物保护
单位。

大康新村赵棣华宅

江苏省镇江潮水位站

　　江苏省镇江潮水位站位于镇江市区北固山观音洞前长江岸边。1946年，扬子江水利委员会鉴于镇江地处江河交汇处，水位变化兼关长江和运河，决定建设自动水位计台，用于自动记录水位变化。工程于1936年2月11日正式开工，当年6月27日建成。计台采用钢筋混凝土框架式结构，由四柱支撑，中设交叉拉结梁柱承载，上置方形小屋，四周设有走道环廊，外有栏杆围护，架设引桥通岸。计台建成后，结束了长期以来以人土法观测水位尺的历史，是长江观测水位发展的重要历史见证。

　　江苏省镇江潮水位站2004年被公布为镇江市文物保护单位。

镇江潮位站

私立京江中学旧址

私立京江中学旧址（一）

私立京江中学旧址（二）

私立京江中学旧址位于镇江市区中山路东端大学山镇江市国际学校内。京江中学初建于1937年4月，创始人有陆小波、冷御秋、严惠宇等。学校董事会推举陆小波为董事长，张海澄为校长。当年8月，经省教育厅立案批准开办，9月开学，12月镇江沦陷，学校辗转江都、上海，一路艰辛办学。1941年，太平洋战争爆发，学校停办。抗战胜利后复校，严惠宇任校长。1952年学校由人民政府接管，改为公立镇江市第三中学，1953年3月，改为镇江市第一中学。大学山保留原私立京江中学校舍3栋，均为砖木结构，青砖叠砌。

私立京江中学旧址1999年被公布为镇江市文物保护单位。

私立京江中学旧址（三）

江河交汇

韦岗伏击战战场遗址

　　韦岗伏击战战场遗址位于镇句公路韦岗段。韦岗在镇江西南约 30 里，南距句容 40 余里，是镇江、句容两地的交界处。1938 年 6 月，粟裕率新四军先遣支队到达苏南，行至韦岗与日军展开激战，取得胜利。韦岗战斗是新四军挺进江南在敌后抗击日寇取得的第一次胜利，为此后江南千百次战斗和建立以茅山为中心的苏南抗日根据地揭开了序幕，在我军的历史上占有重要地位。1939 年粟裕在《先遣队的回忆》一文中指出，这一仗"不仅打击了敌人之横行，而且振奋了广大人民的抗战情绪，提高了他们胜利的信心"。1985 年，镇江市政府为了纪念抗日战争胜利 40 周年和韦岗伏击战的胜利，在韦岗伏击战旧址高骊山建立韦岗战斗胜利纪念碑。

　　韦岗伏击战战场遗址 1992 年被公布为镇江市文物保护单位。

韦岗伏击战战场遗址

新丰车站抗日战斗旧址

新丰车站抗日战斗旧址位于丹阳开发区晓星行政村蒋家自然村西 400 米处，是民国时沪宁铁路上新丰的老火车站，建筑由上下两层房屋 2 间及平房 2 间、暗堡 1 处组成，二层楼房屋顶设有瞭望塔，整组建筑由西向东高度依次渐低。车站是由侵华日军于 1937 年至 1938 年建成，砖石结构，欧式风格，外墙为石砌。1938 年 7 月 1 日夜，新四军一支队二团一营在丹北抗日游击队及群众配合下，突袭新丰火车站，经过两小时激战，全歼日守军 15 师团木公野联队庆江中队 40 余人。

此次战斗是新四军历史上的首次夜战，使南京至上海铁路交通一度中断，是新四军抗战史上的一次较大规模的战斗，极大鼓舞了抗日士气。该旧址不仅是抗日斗争史的直接例证，也是民国时期具有典型风格的铁路车站建筑，具有双重的历史价值。

新丰车站抗日战斗旧址 1999 年被公布为镇江市文物保护单位。

新丰车站抗日战斗旧址风貌

贺甲战斗旧址暨烈士碑亭

弹孔墙

　　贺甲战斗旧址暨烈士碑亭位于丹阳市延陵镇九里行政村贺甲自然村中，原为贺姓祠堂，建于民国初年，有二进建筑，面阔 11.5 米，进深 8.1 米，占地面积约 235 平方米。

　　1939 年 11 月 8 日，新四军在反扫荡过程中，将日军第 15 师团池田连队一个加强中队包围在贺甲村，经过 2 天 1 夜 28 小时的激战，全歼日军。贺甲战斗是陈毅、粟裕领导下的新四军江南指挥部在反扫荡时期战斗时间最长、歼敌最多、动用自身兵力最多、影响力最大的一次战斗，被延安总部誉为"延陵大捷"，并作词作曲成《反扫荡》战歌广为传唱。当时，上海等地的报刊以《伟大胜利在江南》的醒目标题争相刊载，引起了全国舆论的广泛关注。

　　贺甲战斗旧址暨烈士碑亭 1999 年被公布为镇江市文物保护单位。

贺甲战斗旧址全景

吕凤子故居

吕凤子故居院落一角

吕凤子故居院落

吕凤子故居位于丹阳市城区三板桥。故居原有平房四进24间，1937年毁于日军炮火。现存平房16间，为新中国成立后重建，吕凤子在最北侧两间居住过。

吕凤子（1886—1959），原名吕浚，丹阳人，我国近代著名书画家、美术教育家。1912年创办正则女校。曾为上海美专、南京国立中央大学艺术系国画组教授，担任过国立艺术专科学校校长。新中国成立后任教于江苏师范学院。

吕凤子故居2004年被公布为镇江市文物保护单位。

华东财经委员会旧址

　　华东财经委员会旧址位于丹阳市区城河路 61 号。建筑为清代陆姓大户私宅，原名"崇本堂"，由二进二层互通的走马楼组成，两进房屋面阔 12 米，进深 7.1 米，一、二进各有一小天井。

　　中共中央华东局财经委员会于 1949 年 3 月在徐州成立，财经委员会由邓小平、曾山、方毅、刘岱峰、骆耕漠 5 人组成，邓小平兼财委会书记，曾山为副书记，方毅、刘岱峰、骆耕漠为委员，骆耕漠兼秘书长。渡江战役胜利后，1949 年 5 月初财经委员会随总前委、中共华东局、第三野战军司令部进驻丹阳，在该旧址办公，在总前委、华东局的领导下，为解放并接管上海做准备工作。当时华东财经委员会领导人曾山、方毅、刘岱峰、骆耕漠等在此办公。1949 年 5 月 25 日上海解放后，华东财经委员会随总前委、华东局机关离开丹阳去上海。

　　华东财经委员会旧址 2007 年被公布为镇江市文物保护单位。

华东财经委员会旧址风貌

柳诒徵墓

柳诒徵墓位于镇江市区南郊南山风景区。原柳诒徵墓在润州区官塘乡严岗村朱家岗，与其父母等葬在一个墓群。现已迁至南郊赵伯先墓毗邻处。

柳诒徵（1880—1956），字翼谋，亦字希兆，号知非，晚年号劬堂，镇江丹徒人。我国著名历史学家、古文献学家，中国近现代史学先驱，中国文化学的奠基人，现代儒学宗师。毕业于南京三江师范学堂，继在江南高等学堂、两江师范学堂、南京高等师范学校、东南大学等处任教。曾主编《江苏省立国学图书馆图书总目》《江苏省立国学图书馆现存书目》。著有《中国文化史》《国史要义》《中国版本概说》《劬堂读书录》等。

柳诒徵墓1992年被公布为镇江市文物保护单位。

墓冢

　　自 1982 年公布第一批文物保护单位至今，已过去 30 多年了，镇江的文物保护单位数量由最初的 29 处发展到如今的 266 处。一代又一代文物工作者和社会人士为保护这些文物不断奔走呼吁，努力工作，不但使全市文物保护单位在数量上得到了增长、一大批文物得到了有效保护，而且使文物保护体系不断得以完善，社会各界的文物保护意识不断增强。文物保护工作在名城发展进程中正在发挥着越来越大的独特作用。为了弘扬民族优秀传统文化、展现镇江地域历史文化风采，我们组织编写了《江河交汇——镇江物质文化遗产文物保护单位图录》，以图文并茂、雅俗共赏的形式，完整呈现全市各级文物保护单位全貌。这既是对全市文物保护工作成果的一次总结与展示，也是帮助大家进一步了解镇江、认识镇江的一次尝试。

　　需要说明的是，由于篇幅所限，本书仅收纳了全部国保、省保和大部分市级文物保护单位的图片和资料。在本书截稿之时，第八批镇江市文物保护单位的申报、遴选工作正在紧张有序的进行当中，一批重要的"三普"新发现和考古新成果在不久的将来会成为新的文物保护单位，并得到更加有效的保护。

　　本书的出版得到了市委、市政府的高度重视，中共镇江市委常委、市委宣传部曹当凌部长和镇江市人民政府曹丽虹副市长在百忙之中分别为本书撰写了序和前言。

文化是一座城市的灵魂，文化遗产是一座城市的历史根脉所在，保护好、利用好这些不可再生的珍贵文化资源，是我们的使命，也是今后工作的努力方向。我们将按照苏南现代化示范区创建的总体要求，本着"繁荣先进文化、惠及百姓万家"的宗旨，大力推进文化遗产的保护与利用工作，为现代山水花园城市建设作出应有的贡献。在此，谨向关心支持镇江文化遗产保护工作的领导、专家、学者和社会各界人士表示衷心的感谢，也向为本书提供资料的各辖市区文物行政部门、镇江市摄影家协会，以及本书的出版单位江苏大学出版社一并表示衷心的感谢！

　　由于编者水平有限，书中图片、文字错误之处在所难免，敬请读者批评指正。

周文娟

（作者系镇江市文化广电新闻出版局党委书记、局长）

图书在版编目（CIP）数据

　　江河交汇：镇江物质文化遗产文物保护单位图录 /
镇江市文化广电新闻出版局主编. —镇江：江苏大学出
版社，2013.10
　　ISBN 978-7-81130-482-4

　　Ⅰ.①江… Ⅱ.①镇… Ⅲ.①名胜古迹—介绍—镇江
市②文化遗址—介绍—镇江市 Ⅳ.①
K928.705.33 ② K878

中国版本图书馆 CIP 数据核字 (2013) 第 241000 号

江河交汇——镇江物质文化遗产文物保护单位图录
JIANG HE JIAO HUI

主　　编	镇江市文化广电新闻出版局
责任编辑	吴小娟
出版发行	江苏大学出版社
地　　址	江苏省镇江市梦溪园巷 30 号（邮编：212003）
电　　话	0511-84446464（传真）
网　　址	http://press.ujs.edu.cn
印　　刷	江苏恒华传媒有限公司
经　　销	江苏省新华书店
开　　本	889mm×1194mm　1/16
印　　张	11.25
字　　数	273 千字
版　　次	2013 年 12 月第 1 版　2013 年 12 月第 1 次印刷
书　　号	ISBN 978-7-81130-482-4
定　　价	196.00 元

如有印装质量问题请与本社营销部联系（电话：0511-84440882）